W0464167

Das Universum steckt in dir

Peter Stacher

Das UNIVERSUM STECKT in DIR

Schluss mit unerfüllten Wünschen!

ueberreuter

Für Luis
Reine Liebe, reines Glück

1. Auflage 2016

ISBN 978-3-8000-7641-3

Covergestaltung: Saskia Beck, s-stern.com
Coverbild: Pasieka/Getty Images
Satz: Ekke Wolf, typic.at
Druck und Bindung: Druckerei Theiss, St. Stefan im Lavanttal

www.ueberreuter-sachbuch.at

Inhaltsverzeichnis

Vorwort

Es ist das Phänomen der letzten Jahre: Kaum eine Lebensphilosophie wurde innerhalb so kurzer Zeit so schnell von so vielen Menschen in aller Welt angenommen wie der Glaube an ein ganz besonderes Universum. Es erfülle alle Wünsche, heißt es in zahlreichen Büchern. Die meisten von ihnen millionenfach verkaufte Longseller, die beschreiben, wie man das Universum aktiviert, um das Leben nach seinen Vorstellungen einzurichten. Die Kraft der Gedanken reicht dafür aus, heißt es, und es wäre ein großes Geheimnis. Doch mittlerweile ist es ein Geheimnis, das jeder kennt. Die meisten reden nicht darüber, doch spricht man sie offen auf die Macht des Universums an, wissen alle Bescheid.

Das Universum wartet nur darauf, uns jeden kleinen Wunsch zu erfüllen. »Ich mach mir die Welt, wie sie mir gefällt.« Was das rothaarige Mädchen Pippi in dem Kinderbuch schon herausgeschrien hat, erreicht mit der Hoffnung von »sich materialisierenden Gedanken« die Erwachsenenebene. Doch der wahre Zauber steckt nicht in fremden Mächten. Er steckt in uns. Man muss ihn nur wecken und wissen, wie man mit ihm umgeht. Ja, es gibt Geheimnisse, die Sie erfolgreicher machen können, die Sie glücklicher machen. Und unsere Gesellschaft ist mithilfe der Wissenschaft auf dem Weg, diese Geheimnisse zu lüften.

In meinem Beruf komme ich mit vielen interessanten, erfolg- und einflussreichen Menschen zusammen. Mit Geschäftsleuten, Wissenschaftlern, Visionären und Politikern. Dabei habe ich herausgefunden: Es gibt bestimmte Gründe, warum gerade diese Menschen so erfolgreich sind. Diese Gründe will ich Ihnen in diesem Buch beschreiben. Und ich will Ihnen helfen, die wahren

Kerne aus einer neuartigen Lebensphilosophie herauszuschälen, ohne sich hilflos von nicht greifbaren Gesetzen und Anweisungen in einen Strudel der vollendeten Verwirrung ziehen zu lassen.

Alles, was Sie in Ihren Jahren auf dieser schönen Erde erreichen wollen, kann man unter den Begriff »Glück« stellen. Aber nicht ein zufälliges und idealisiertes Glück, das so vielleicht nie kommt. Oder das uns nicht vollends ausfüllt, weil es nur die Maske ist, hinter der sich weiterhin der fragende, traurige Blick nach dem Warum und Wieso verbirgt. Ich meine das Glück des Lebens. Das, wofür man kämpft, wofür man Bürden auf sich nimmt, das einen ausfüllt und rundum zufrieden mit sich und dem Leben macht.

Glück hatte in der Menschheitsgeschichte schon immer einen besonderen Stellenwert. Nicht umsonst wurde es 1776 als Grundrecht in die Unabhängigkeitserklärung der Vereinigten Staaten von Amerika aufgenommen, mit den Worten: »… they are endowed by their creator with certain unalienable rights, that among these are life, liberty and the pursuit of happiness.« – Alle Menschen sind mit unabdingbaren Rechten ausgestattet, darunter sind Leben, Freiheit und das Streben nach Glück.

Dieses »pursuit of happiness« wird auch oft mit Wohlergehen übersetzt. Glück ist demnach ein Zustand, in dem man sich wohl und geborgen fühlt. Einer, in dem man sein Leben nach eigenen Vorstellungen formen kann. Einer, in dem man selbstbestimmt ist und erfolgreich. Oder ein Zustand, in dem man sich einfach keine Sorgen machen muss.

Die andere Art von Glück betrifft das Unerwartete. Wenn Ereignisse oder Zuwendungen dem Leben eine entscheidende Wendung geben. Die Wendung hin zum Job, den man sich so lange gewünscht hat. Der Tag, an dem unverhoffter Geldsegen eintrifft. Und natürlich nicht zu vergessen der Augenblick, wenn man den Partner trifft, dem man nicht mehr von der Seite weichen möchte. Doch ist das reiner Zufall? Das alles können Sie sich in Ihr Leben holen. Es passiert jeden Tag, jede Stunde überall auf der Welt. Sie können etwas dafür tun. Es steckt in Ihnen.

Ob dazu ein Gedanke reicht oder ob es etwas anderes ist, das dieses Glück bei der Tür hereinbittet … Entscheiden Sie selbst, nachdem Sie dieses Buch gelesen haben.

Einleitung

Die Reise in diesem Buch führt, mithilfe des modernen Wissens über unsere eigenen Steuerelemente, tief in Ihr Innerstes. Tief in Ihr Bewusstsein und noch tiefer: in Ihr Unbewusstes. Sie werden gelenkt. Sie merken es nur sehr oft nicht. Doch das ist nicht schlimm. Sie werden gelenkt von dem, was die Wissenschaft die Psyche nennt. Doch wir sollten unserer Psyche nicht so einfach freie Hand lassen. Denn manchmal erfüllt sie ihre Aufgabe auf eine Art, die uns nicht unbedingt glücklicher macht. Sie will eigentlich, dass es uns gut geht. Doch das schafft sie nicht immer.

Als Beispiel: Unsere Psyche will, dass unsere Bedürfnisse erfüllt werden. Doch sie erkennt nicht, dass auch unsere Mitmenschen einzig ihre Bedürfnisse erfüllen wollen. Passen nun diese Bedürfnisse zweier, die gerade Zeit miteinander verbringen, nicht zusammen – also hat der eine das Bedürfnis nach Ruhe, der andere aber das Bedürfnis nach Kommunikation und Spaß, dann steht das der Zufriedenheit zumindest von einem entgegen. Einer von beiden reagiert sogar mit Wut. Und zwar, weil unsere Psyche sich mit Wut eher in der Lage fühlt, die Situation wieder unter Kontrolle zu bekommen, als etwa mit Trauer oder der Suche nach einer anderen Möglichkeit, dieses Bedürfnis zu erfüllen. Doch damit reagiert unsere Psyche auf eine Art und Weise, die nicht zielführend ist und langfristig ein weiteres Bedürfnis von uns Menschen boykottiert: das nach einem harmonischen Zusammenleben.

Unsere Psyche und in der Folge unser Verhalten wird schon von kleinen, unscheinbaren Einflüssen bestimmt. Schon eine warme Tasse Kaffee hat weitreichende Auswirkungen – weitreichender als uns bewusst ist. Ich möchte Ihnen auch zeigen, woran es liegen kann, dass Sie unrund sind, dieses Magenzwicken haben und nicht wissen, woher. Und was es ist, das uns immer wieder in diese verhasste Alltagsspirale eintauchen lässt, aus der wir scheinbar nicht mehr herauskommen. Auch, warum Sie in Ihren Beziehungen jährlich vor dem gleichen Scherbenhaufen sitzen.

Wenn Sie um die vielen Einflüsse, die unser Handeln steuern, wissen, die Bedienelemente erkennen, können Sie beginnen, die Knöpfe selbst zu drücken. Und sich damit das Leben erarbeiten, das Sie anstreben.

In diesem Buch werden zahlreiche sozialpsychologische Experimente beschrieben. Lesen Sie die Erkenntnisse der Wissenschaftler nicht als gültige Antwort auf jedes menschliche Verhalten. Sie sollen eine Unterstützung sein, auf dem Weg, sich selbst besser zu verstehen. Sie zeigen nur eine Tendenz auf, in welche Richtung uns unter bestimmten Voraussetzungen die menschliche Psyche lotsen kann. Doch abseits der erforschten Durchschnittswerte aus den Studienergebnissen, abseits der Testgruppen, die bei diesen Experimenten vermehrt ein gewisses Verhalten zeigen, reagiert ein Großteil der Menschen auf seine eigene Art. Vor allem die Menschen, die denken, die reflektiert sind, die gewisse Prozesse durchschauen und sich nicht von ihnen leiten lassen.

Darum geht's auch in meinem Buch: Einwirkungen auf die Psyche erkennen und sich bewusst für den richtigen, den eigenen Weg entscheiden.

Aber dann bleibt das Tier mit einem Ruck,
mitten im Spazierengehen,
mitten auf der Straße stehen,
und es sagt ganz laut zu sich:
»Sicherlich gibt es mich:
ICH BIN ICH!«
(Aus »Das kleine Ich-bin-ich« von Mira Lobe)

1. Wer bin ich?

Zuerst ich

Das Wichtigste in Ihrem Leben sind SIE. Sie brauchen eine feste, unzerstörbare Basis, von der aus Sie das Leben bestreiten. Sie selbst sind das Fundament, auf dem sich Ihr Schicksal errichtet. Kein Stein hält auf dem anderen, wenn der Untergrund ständig nachgibt. Die Steine sind Ihr Partner, Ihre Freunde, Ihre Familie, Ihre Arbeit, Ihr Umgang mit Geld, Ihre Hobbys … einfach alles, was Ihr Leben ausmacht. Bauen Sie die höchsten Türme in den Himmel!

> → **Das Wichtigste in Ihrem Leben sind SIE**

Das hat gar nichts mit Egoismus zu tun. Wir kommen später noch darauf, welche Bedeutung Freunde, die Familie, die Menschen um einen herum haben. Und wie wichtig es ist, mit der Umwelt eine Einheit zu bilden. Doch was eine Einheit bilden will, muss der Art nach verschieden sein, sagte Aristoteles vor mehr als 2000 Jahren. So wie Sie sind, das gibt es nur einmal.

Sie sind tatsächlich einzigartig. Ihre besondere Kombination von Charaktereigenschaften, Fähigkeiten und Erfahrungen hat den Menschen aus Ihnen gemacht, der Sie sind. Und das ist großartig!

Tragen Sie diesen exklusiven Mix stolz vor sich her. Nutzen Sie ihn auch! Führen Sie ihn sich immer wieder vor Augen. Es gibt keinen Grund, sich zu verleugnen. Und wenn Sie das Gefühl haben, genau dieser Mix mache Ihnen zu schaffen, dann ist es Zeit, den Blick zu ändern. Das Blatt zu wenden. Und das können nur Sie!

Sie müssen das ganze Leben mit sich zusammen sein. Sie müssen auch dann noch mit sich zusammen sein, wenn Sie jahrelang Ihren Körper geschunden und Ihren Geist vernachlässigt haben. Sie müssen mit sich zurechtkommen, wenn Sie alle Alarmsignale ignoriert haben und sich selbst, Ihre Wünsche vernachlässigt und Ihre Begeisterung unterdrückt haben. Wenn Sie sich so weit gebracht haben, nur noch finstere Gedanken zu hegen und Gott und die Welt für Ihr Unglück verantwortlich zu machen. Sie müssen mit sich selbst leben. Auch dann noch. Wäre es da nicht besser, neu durchzustarten?

Wer sind Sie?

Wollen Sie mit jemandem zusammen sein, der keine Zeit für Sie hat? Der andauernd unzufrieden mit sich ist, weil Pflichten und Gewohnheiten ihm alle Kraft nehmen? Der nicht entspannt den Tag genießen kann, weil er nicht und nicht abschalten kann? Hätten Sie einen Partner, der so im System gefangen ist, würden Sie mit ihm reden. Sie würden versuchen, ihn rauszuholen aus seiner Tretmühle. Auch aus eigenem Interesse. Denn Sie selbst leiden ja darunter, wenn er anscheinend vergessen hat, dass es Sie auch noch gibt.

Jetzt sind Sie dieser Partner für sich selbst, der keine Zeit hat. Was spricht also dagegen, mit sich selbst das Gespräch zu suchen? Sich mit sich einen Termin auszumachen, um sich mit sich auseinanderzusetzen? Dieses Gespräch kann, wenn Sie es ernsthaft führen, tiefgehender sein als jedes Gespräch mit einem anderen Menschen. Schließlich kennen Sie sich selbst am besten, Sie erleben sich selbst am intensivsten. Ihre Gedanken, Ihre Gefühle, Ihr Körper, all das gehört nur Ihnen.

Es geht um Sie als Ganzes. Es geht darum, zu erkennen, ob Sie Ihr Leben nicht verpassen. Es geht darum, herauszufinden, warum Sie neuerdings häufig grantig sind und in letzter Zeit Ihr Bauchgefühl immer öfter Alarm schlägt. Warum Sie seit einigen Jahren unrund sind und sich fragen, was Sie hier überhaupt machen. Was ist in Ihrem Leben stimmig und was nicht?

Es geht nicht darum, sich vom Leben abzukapseln. Es geht darum, wieder hineinzufinden. In Ihr eigenes, selbstbestimmtes Leben. Es geht nicht darum, zum Einsiedler zu werden und nur noch philosophischen Gedanken nachzuhängen. Es geht darum, den Spaß, den das Leben zu bieten hat, mit all den Menschen, die man gern hat, bewusst zu erleben und sich daran erfreuen zu können und eben nicht aus den falschen Gründen darauf zu verzichten. Weil es der Spaß und das fröhliche Leben sind, die Sie selbst wollen und sich verdient haben.

→ Sie haben sich den Spaß am Leben verdient

Ich liebe es, in Gesellschaft anderer Leute zu sein. Sei es zum brunchen, beim Mittagessen oder natürlich am Abend. Mit netten Menschen bei einem Glas zu sitzen, zu plaudern, zu lachen, tanzen zu gehen und, wenn es sich ergibt, auch einmal die Nacht zum Tag zu machen. Gibt es was Schöneres? Ich mag Trubel um mich herum, ich kann drei Tage lang in Disneyland verbringen von zehn Uhr vormittags bis Mitternacht und es wird mir nicht zu viel. Doch das bedeutet nicht, dass man sich selbst, ganz innen drin, ignorieren muss.

Achten Sie auf sich! Umsorgen Sie sich! Lernen Sie, sich selbst zu verstehen! Seien Sie für sich da! All diese Aufgaben, die oft andere von Ihnen verlangen, wenden Sie ab jetzt zuerst ganz bewusst bei sich an. Dann haben Sie auch genug Kraft und Energie, sich um alles andere und besonders um Ihre Lieben zu kümmern. Mit einer gesunden Dosis an Beschäftigung mit uns selbst, finden wir das richtige Verhältnis – zum Leben an sich und zur Wirklichkeit unserer Persönlichkeit. Wir können es dadurch schaffen, unsere eigene Wahrheit zu entdecken.

Dazu gehört auch Selbstkritik. Reden Sie sich Ihre Prinzipien nicht schön. Das wäre zu einfach. Über sich selbst zu reflektieren, heißt auch festzustellen, ob man sich mit eingefahrenen Grundsätzen blockiert, sich selbst im Weg steht. Das heißt auch, sich unangenehme Fragen zu stellen: Sind wirklich immer die anderen schuld oder liegt es doch an mir? Ich mache das schon seit Jahren so, sollte ich nicht umdenken und es anders versuchen? Muss wirklich immer alles so passieren, wie ich es will, oder sollte ich mehr auf andere eingehen?

→ Selbstreflexion bedeutet kritisch mit sich selbst sein

Sicher kann es, um ein Ziel zu erreichen, notwendig sein, Probleme und Möglichkeiten nüchtern analytisch und emotionslos durchzudenken. Doch wer sich ausschließlich auf »gefühllose« Zielerreichung fixiert, verliert den Zugang zu seinem Selbstsystem.

Wie der deutsche Psychologe Julius Kuhl sagt: Um sich als Person mit allen menschlichen Potenzialen zu entwickeln, müssen Menschen alle Systeme aktivieren und entwickeln und dabei positive wie negative Affekte und Gefühle durchleben.

Das heißt also, Sie sind gefordert, mit all Ihrem Potenzial, all Ihren geistigen und emotionalen Fähigkeiten Ihr Leben anzugehen.

Und dabei die guten wie die schlechten Erfahrungen hinzunehmen. Ohne sich davon einschüchtern zu lassen. Bewusst, im Erwachsenen-Modus, ohne sich beirren zu lassen von Querschlägern wie Stolz, Neid, falsch verstandene Ehre, reine Pflichterfüllung. Zu leicht blockieren Sie sich durch diese falschen Prioritäten selbst. Keine leichte Aufgabe. Gebe ich schon zu. Aber wer will denn schon willenlos funktionieren, sich durchs Leben treiben lassen wie ein morsches Stück Treibholz den Fluss hinunter, an einen Felsen stoßen, dann an den nächsten und im Endeffekt ohne Kontrolle durchs Wasser wirbeln? Wir haben einen Motor, wir haben zusätzlich Segel und wir haben ein Steuerrad. Das muss man halt auch bedienen.

Im Endeffekt bringt die Selbstreflexion ja auch im beruflichen Teil unseres Lebens mehr Erfolg. Ein Prüfling, der über die Art, wie er lernt, nachdenkt und darüber, welche Passagen seines Lernstoffes er schon verstanden hat, ist im Endeffekt bei der Prüfung erfolgreicher. Ein Manager, der offen und ehrlich über seinen eigenen Umgang mit den Mitarbeitern und seine Entscheidungen reflektiert, wird weniger Fehler machen, mehr Produktivität erreichen und zufriedenere Mitarbeiter haben.

Wie wichtig ist das im Privatleben? Noch wichtiger. Denn dort soll es nicht um Produktivität gehen, sondern um Lebensqualität.

Ihre Zeit ist Ihr wertvollster Besitz

Haben Sie schon einmal eine Nacht in den Bergen verbracht? Auf einer Hütte weit oben, wo kein Baum mehr wächst? Wenn Sie dort Ihren Kopf gegen den Nachthimmel heben, sehen Sie unendlich viele Sterne am Himmel. Ein Lichtpunkt neben dem anderen. Und in der Stadt? Dort können wir froh sein, wenn wir den Großen Wagen erkennen und vielleicht noch den Nordstern. So viele andere Lichtquellen lenken von dem Wunder über uns ab. Straßenlaternen, Scheinwerfer, Flutlicht. Sie machen es uns unmöglich, die Wahrheit zu sehen. In diesem Fall die Wahrheit, dass über uns Millionen Sterne sind. Doch wir erkennen sie nicht.

Genauso erkennen wir durch all die Ablenkung, die wir uns selbst schaffen, die ungeheuren Möglichkeiten nicht, die das Leben sonst noch bietet. Das Wunderbare, das sich eröffnet, wenn wir nur genau hinschauen.

Doch wollen wir überhaupt genau hinschauen? Wir füllen unseren Tag mit Terminen, wir stecken all unsere Zeit in das Aufrechterhalten des eigenen Systems, das nur so strotzt vor Tätigkeiten, die nichts mit uns selbst zu tun haben und unsere persönliche Entwicklung nicht weiterbringen. Ja, wir vermeiden es regelrecht, mit uns alleine zu sein. Denn was sollen wir schon mit uns reden? Daher verbringen wir lieber den Großteil unserer Lebenszeit mit Dingen, die nichts mit uns selbst zu tun haben.

→ Wir lenken uns ab von unserem eigenen Leben

Um sich Zeit für sich zu nehmen, müssen Sie nicht drei Wochen ins Kloster gehen. Das geht in den ruhigen Stunden. Allein. Und es ist wichtig, diese Selbstreflexion systematisch anzugehen. Denn ziellose Grübelei ohne Anfang und Ende bringt Sie nicht weiter.

Unterteilen Sie die Analyse Ihres Lebens in zwei Schritte!

Schritt 1: Sie brauchen Zeit und einen Ort, wo Ihre Gedanken fließen können. In der Badewanne oder beim Spaziergang im Wald? Die Minuten vor dem Einschlafen, wenn Sie am Abend im Bett liegen? Sie wissen selbst, wo das am besten geht. Sie kennen die Plätze, die Sie runterkommen lassen. Sie haben Sie schon erlebt. Irgendwann einmal. Jetzt reicht es allerdings nicht mehr, sich ein einziges Mal 20 Minuten Zeit zu nehmen. Und danach diese Sache mit sich selbst wieder auf den Stapel der Dinge, die Sie bald unbedingt einmal machen sollten, zu legen.

Lassen Sie an diesem Ort Ihren Gedanken freien Lauf. Vergleichen Sie Ihre momentane Situation in Abstimmung mit Ihrem Bauchgefühl mit der Vorstellung, die Sie von Ihrem Sein hier auf der Erde haben. Mit den Dingen, die Ihnen wirklich wichtig sind. Kommt etwas zu kurz? Widmen Sie einer Sache Zeit, die in Ihrem Leben nichts verloren hat? Jetzt, an Ihrem geistigen Kraftort, können Sie sich eine Übersicht verschaffen und mithilfe Ihrer Intuition die Meilensteine in Ihrem Leben entdecken. Doch bleiben Sie dabei standhaft: Die Kraft zu haben, den eigenen Zustand ehrlich zu bewerten und sich selbst nicht anzulügen, gehört zu den schwierigsten Aufgaben, die es im Leben zu meistern gibt.

Dann folgt **Schritt 2:** Konkretisieren Sie Ihre Wünsche und Ziele. Möglichst detailliert und unauslöschbar. Dazu ist es notwendig, sie aus Ihren Gedanken heraus umzuwandeln in materialisierte Form. Bestücken Sie eine Pinnwand mit diesen wichtigen Punkten. Schreiben Sie Ihr ideales Leben in ein Word-Dokument. Hauptsache, dieser zweite Schritt führt in die tatsächliche Umsetzung. Es sind keine Hirngespinste mehr. Und anhand der Aufzeichnungen wird Ihnen klar, ob Sie richtig liegen.

Vielleicht hilft Ihnen die folgende Übung, um ein System in Ihre Überlegungen zu bringen.

Formulieren Sie Sätze, die das Problem, mit dem Sie sich bewusst auseinandersetzen wollen, beschreiben.

Z. B.
Dass ich nicht mehr so fröhlich bin wie früher,
hat diesen Grund …
lässt sich so ändern …

Dass ich in letzter Zeit weniger mit meinen Freunden zusammen war,
hat diesen Grund …
hat diese Vorteile …
hat diese Nachteile …

Im Stress zu sein,
hat diese Vorteile …
hat diese Nachteile …

Ich habe eine strikte Meinung von etwas.
Warum bin ich dieser Meinung?
Welche anderen Sichtweisen gibt es und warum?

Welche Fragen Sie sich auch stellen, gehen Sie sie von verschiedenen Richtungen an. Ist die eine Seite für Sie klar, überprüfen Sie eine andere Sichtweise auf ihre Existenzberechtigung.

Und weil das Ihre ganz persönliche Geschichte ist, geht es jetzt in diesem Kapitel auch nicht darum, die Antworten darauf zu finden und Ihre Suche zu beenden. Das machen Sie selbst, wenn Sie das Buch zugeschlagen haben und Zeit für sich haben. Diese Fragen sind nicht mit simplen Pro-Kontra-Argumenten zu beantworten. Es geht um Ihr Lebensgefühl, um Erfahrungen, die Sie schon gemacht haben und machen möchten. Vielleicht ist ein komplettes Umkrempeln des Lebens nötig oder es liegt etwa hinter einer Traurigkeit, die Sie empfinden, möglicherweise nur ein Erlebnis, das es aufzuarbeiten gilt. Vielleicht auch die Notwendigkeit, jemandem zu vergeben. Oder ein Element in Ihrem Leben, das es zu ändern gilt.

Sie werden es herausfinden, wenn Sie für sich da sind. Sie werden sehen, wie einfach die inneren Verstrickungen und Zwänge, die Sie verspüren, sich endlich lösen und Sie wieder zu einem freien Menschen werden.

Die Psychologie dahinter: **Selbstreflexion.** Nicht jede Form der Selbstreflexion ist zielführend: Ziellose kreisende Grübeleien müssen von ergebnisorientierter Selbstreflexion unterschieden werden. Mit seinem berühmten Satz »Ich denke, also bin ich« rückt der französische Philosoph und Naturwissenschafter René Descartes die bewusste Selbstreflexion ins Zentrum. Der Mensch kann nicht nur denken, er kann über sich selbst nachdenken und reflektieren. Doch daraus sollen auch Fortschritte erzielt werden. Der Philosoph Michel Foucault hat den Begriff von der »Ästhetik der Existenz« geprägt: wenn wir uns zur Schöpfung unserer eigenen Lebensgeschichte ermutigt fühlen – sie nicht an fremden Normen oder Vorstellungen orientieren, sondern ihr eine eigene ästhetische Form geben.

Sorgen, die keine sein müssen

In diesem Buch möchte ich Ihnen zeigen, welche vermeintlichen Kleinigkeiten unseren Tag mit Wolken verhängen und welche ihn zu einem sonnigen Erlebnis voller Freude werden lassen.

Beim letzten Gespräch mit Ihrer Freundin hat es einen Knackpunkt gegeben, der an Ihnen nagt. Sie wissen nicht genau, war sie jetzt beleidigt oder gar böse auf Sie? Dabei haben Sie doch nur ehrlich gesagt, was Sie denken. Irgendwie trauen Sie sich jetzt gar nicht mehr, sie anzurufen und sie darauf anzusprechen.

Ihr Chef ruft am Samstagvormittag an und Sie sehen den entgangenen Anruf erst später. Sie bekommen ein mulmiges Gefühl. Er ruft doch sonst nie an. Geschweige denn an einem freien Tag. Das kann nichts Gutes bedeuten. Sie trauen sich nicht zurückzurufen und grübeln über das Wochenende, was Sie nur falsch gemacht haben.

Diese sehr einfachen Beispiele sollen immer wiederkehrende Situationen beschreiben, die Sie im Alltag belasten können. Dabei bedeutet die Lösung nur einen minimalen Schritt Ihrerseits, um sich Klarheit und damit Sorgenfreiheit zu verschaffen.

Kontaktieren Sie Ihre Freundin, treffen Sie sich mit ihr! Rufen Sie Ihren Chef auf der Stelle zurück und fragen Sie ihn, was los ist!

Schon breitet sich von einem Moment auf den anderen dieses angenehme Gefühl der Entspannung in Ihnen aus. Denn all die Sorgen, die Sie sich gemacht haben, waren umsonst:

Ihre Freundin sagt Ihnen, dass sie vielleicht tatsächlich kurz irritiert war, aber darüber nachgedacht hat und findet, dass Sie recht haben. Sie freut sich darauf, mit Ihnen abends auf einen Drink zu gehen. Der Chef wollte Ihnen nur wegen Ihres erfolgreichen Projektabschlusses gratulieren und Ihnen sagen, wie froh er ist, Sie als Mitarbeiter zu haben.

→ Viele Alltagsprobleme können Sie ganz einfach und schnell beseitigen

Das klingt so einfach. Sie werden jetzt vielleicht sagen, das ist doch klar, dass ich das regle. Doch wie oft geht man Lösungen solch vermeintlicher Nebensächlichkeiten tatsächlich sofort an?

Setzen Sie sich mit der Problematik, die Ihnen Bauchweh bereitet, auseinander. Sie werden sich danach wundern, warum Sie etwas tagelang, monatelang, jahrelang mit sich herumschleppten. Vor allem auch deshalb, weil Sie sich der Angst, die in Ihnen rumort, stellen und ihr damit den Schrecken, der von ihr ausgeht, nehmen.

»Was du heute kannst besorgen, das verschiebe nicht auf morgen!« So alt die Redensart ist, so wirkungsvoll ist sie. Wie oft denkt man: »Ich sollte endlich das und das tun«, »Ich müsste eigentlich schon lange dieses und jenes erledigen«. Es schwirrt einem im Kopf herum, zieht sich in die Magengegend. Und es geht einfach nicht weg, dieses lästige Gefühl der unerledigten Pflicht. Ist es etwas, das Sie gar nicht tun wollen: Entledigen Sie sich dessen. Sagen Sie es ab und streichen Sie es aus Ihrem Kopf. Müssen und wollen Sie es aber wirklich tun, dann sofort. Oder Sie fixieren einen nicht verschiebbaren Zeitpunkt dafür. Und dann tun Sie es!

Manchmal wissen wir aber nicht recht, warum wir gerade nicht entspannt sein können. Wie in diesem Beispiel: Endlich Samstag! Sie haben sich schon auf diesen Tag und das ganze Wochenende gefreut. Sie können es mit Ihrer Familie, Ihren Freunden verbringen und es sich gut gehen lassen. So richtig gut! Doch da ist etwas. Etwas, das Ihre Stimmung trübt. Unterschwellig. Sie denken, Sie müssten eigentlich fröhlich sein, es passt ja alles. Sie sind gesund, Ihrer Familie geht es gut. Finanziell ist alles in Ordnung. Keine Probleme in Sicht. Aber irgendetwas nagt dennoch an Ihnen. Sie sind unrund. Wirken phasenweise genervt auf Ihre Lieben, sodass diese fragen, ob etwas nicht stimmt. Sie können es sich aber nicht erklären.

Sie fragen sich, was nur los ist mit Ihnen. Ihr Partner spürt das deutlich. Er spürt, dass Sie sich nicht fallen lassen können. Gehen Sie dann auf Spurensuche, dämmert es Ihnen womöglich, dass Ihnen noch immer das Gespräch vom Dienstag mit einem Bekannten im Magen liegt. Weil Sie an dem Tag bei einer Diskussion, die sich beim Mittagessen entwickelt hatte, so grundsätzlich unterschiedlicher Ansicht waren. Sie haben sich danach mit einem eher nüchternen Gruß und einem zaghaften Handschlag voneinander verabschiedet. Und dann war noch die Projektbesprechung in Ihrer Firma am Donnerstag. Diese Sitzung, in der nichts klarer wurde. Im Gegenteil, Sie haben seitdem noch mehr Zweifel, ob dieses Projekt überhaupt erfolgreich sein kann.

Wenn Ihr Partner Sie fragt, was eigentlich los ist, was der Grund für Ihre Verstimmung ist, wissen Sie es zunächst höchstwahrscheinlich nicht. Tun Sie die Sorgen aber nicht ab! Gehen Sie Ihren unrund laufenden Gefühlen nach. Mutmaßen Sie, was es sein könnte. Spüren Sie Erlebnissen der letzten Zeit nach. Sie merken beim Gedanken daran sofort, ob Sie richtig liegen: Die Kinder waren in der Früh schlimm und laut? Nein, das hat Sie heute nicht aus der Bahn geworfen. Der Nachbar hat den ausgeborgten Rasenmäher immer noch nicht zurückgebracht? Kein Problem, es ist ohnehin Winter. Diese Diskussion am Dienstag? Ja, die liegt mir noch im Magen!

Gehen Sie den Ursachen für Ihr Unwohlsein auf den Grund. Damit es Ihnen wieder besser geht, hilft es meist schon, zu wissen, sich bewusst zu sein, was es ist. Und wenn Sie Gelegenheit haben, sich die Sache von der Seele zu reden, bei jemandem, der Sie versteht und es gut mit Ihnen meint, werden Sie gleich merken, wie eine Last von Ihnen abfällt.

Sollte das noch nicht zu Ihrer Zufriedenheit wirken, überlegen Sie, ob diese Dinge Sie zu Recht belasten. Oder ob sich der Ärger über den Bekannten mit einem kurzen Telefonat beseitigen lässt. Sie müssen dabei nicht einmal über das Streitthema sprechen. Ein lockeres Gespräch, bei dem Sie sich über Ihr Bauchgefühl vergewissern können, ob das Thema die Beziehung zu dem Bekannten tatsächlich getrübt hat. Ein, zwei Scherze und Sie merken es am Lachen des anderen.

Und dann können Sie noch überlegen, ob es nicht bei jedem Projekt Sitzungen gibt, die mehr Fragezeichen hinterlassen, als es voranbringen. Und schätzen Sie für sich ein, ob Sie sich davon das Wochenende vermiesen lassen wollen. Denn Sie wissen: Zwei, drei Anrufe und Gespräche am Montag in der Arbeit und die Welt wird wieder klarer sein. Und dann können Sie noch den Sonntag genießen.

2. Was beeinflusst mich?

Fremde Einflüsse erkennen

Ich möchte Ihnen auf den folgenden Seiten zeigen, wie unser Verhalten in ein und derselben Situation ein gänzlich anderes sein kann. Und zwar abhängig von vorhergehenden Eindrücken und Erlebnissen oder einfach von unserer Stimmungslage, verbunden mit der Körperhaltung.

So haben zum Beispiel Untersuchungen erstaunlicherweise ergeben, dass Menschen mit schlechter Laune unter Umständen besonders hilfsbereit sind. Hätten Sie das gedacht?

Die Erklärung: In Ihnen steckt ja der Wunsch, dass es Ihnen gut geht. Die Suche nach Glück ist unser tägliches Ziel. Nach dem Aufstehen, wenn Sie zur Arbeit gehen oder Ihren Tag auf Ihre Art gestalten. Haben Sie schlechte Laune oder sind traurig, dann suchen Sie automatisch nach Möglichkeiten, sich wieder besser zu fühlen. Denn wir lassen uns in beide Richtungen leicht beeinflussen: in die düstere, von Zweifeln geprägte Gemütslage, aber auch in die fröhliche, in der alles positiv erscheint.

Nehmen wir etwa eine gute Tat. Nutzen Sie eine Gelegenheit dazu. Einem Menschen etwas Gutes tun, ist eine passende und sehr wirksame Möglichkeit, stolz auf sich sein zu können und damit auch den Blick auf die Umwelt in ein zartes Rosa zu tauchen. Nicht nur weil Sie helfen konnten, sondern weil Sie Dankbarkeit bekommen, die wiederum Ihre Glücksstandsanzeige nach oben schnellen lässt.

Auch wenn ein schlechtes Gewissen Sie drückt, können Sie es durch eine gute Tat an anderer Stelle zumindest besänftigen. Wir wissen ja aus eigener Erfahrung, dass wir anders reagieren, wenn uns eine Laus über die Leber gelaufen ist, als wenn wir über beide Ohren strahlen.

→ Sie geben sich, wie Sie sich fühlen

Das ist ja auch der ganz normal wahrgenommene Vorgang: Uns geht es schlecht, also lassen wir den Kopf hängen. Doch auch der umgekehrte Zusammenhang konnte festgestellt werden. Und damit kommen wir zu einem Experiment, in dem die Psychologie über uns Menschen einiges herausgefunden hat. Eine Untersuchung von Forschern um Nikolaus Troje von der Queen's University in Kingston in Kanada zeigt: Wer den Kopf hängen lässt, die Beine beim Gehen über den Boden schleifen lässt, der hegt eher triste Gedanken.

→ Sie fühlen sich, wie Sie sich geben

Das Experiment lief folgendermaßen ab: An die 40 Studenten wurden aufs Laufband geschickt. Dort wurden sie angehalten, entweder mit gerader Körperhaltung und dynamisch Meter zu machen wie jemand, der fröhlich ist, oder schlapp und langsam, als würden sie einen Menschen mit deprimierter Stimmungslage darstellen. Währenddessen sollten sie sich positive und negative Wörter einprägen. Wenig später sollten die Studenten so viele Wörter wie möglich wieder abrufen. Wessen Gangart geknickt und mit Blick zum Boden war, der merkte sich eher Begriffe wie traurig oder ängstlich.

Damit sehen wir: Nicht die Gemütslage beim Aufstehen in der Früh ist entscheidend dafür, wie der Tag verläuft. Wir können uns ganz schön selbst hinunterziehen, indem wir den Kopf hängen lassen. Obwohl wir vielleicht gar keinen Grund dazu haben. Einfach, weil es halt gerade die Gangart ist, die wir wählen. Besser für Ihr positives Empfinden ist es aber, aufrecht, mit hoch erhobenem Kopf zu gehen. Vielleicht mit einem Lächeln um die Mundwinkel.

Bei dem beschriebenen Experiment haben die Psychologen mit einem ausgewogenen Verhältnis von positiven und negativen Worten gearbeitet. Anders wäre das Ergebnis ja auch verfälscht worden. Was wäre passiert, wenn sie ausschließlich mit negativ besetzten Worten konfrontiert worden wären? Das zeigen Experimente, in denen die Teilnehmer verdrehte Sätze ordnen mussten. Eine Gruppe hatte es mit Sätzen zu tun, in denen Ausdrücke wie schwach, krank, am Stock gehen oder grau vorkamen. Diese Begriffe fehlten bei der zweiten Gruppe. Danach mussten die Teilnehmer über einen Flur gehen, um die ausgefüllten Zettel in eine Schachtel einzuwerfen. Hier begann das eigentliche Experiment. Die Zeit, die die Probanden für diesen Weg brauchten, wurde mit der Stoppuhr gemessen. Die Forscher verglichen die beiden Gruppen und stellten fest: Wer sich mit den Themen Alter und Gebrechlichkeit beschäftigte, ging viel langsamer und brauchte dadurch deutlich länger für den Weg.

Dieser Versuch stellt eindeutig klar: Sie sollten versuchen, sich mit dynamischen und kraftfördernden Themen zu beschäftigen. Ihr Leben wird nun einmal von den Dingen geprägt, mit denen Sie sich umgeben und über die Sie nachdenken. Also setzen Sie sich nicht schon in Ihren besten Jahren gedanklich in den Rollstuhl. Machen Sie Ihre Leiden nicht zum Thema Nummer eins! Denken Sie an ein gehaltvolles, schönes Leben und leben Sie!

Eindrücke drücken sich auch wieder aus

Äußere Einflüsse haben viel mehr Wirkung auf uns, als wir wahrhaben wollen. Und diese äußeren Einflüsse kommen aus Ecken, wo wir sie oft nicht vermuten und daher auch nicht mit einer späteren negativen Reaktion in Zusammenhang bringen würden. So genügt zum Beispiel schon der Anblick einer Waffe, um uns aggressiver und angriffslustiger werden zu lassen. Das hat Frank Kachanoff von der McGill University in Montreal in verschiedenen Tests herausgefunden.

Daher ist es für Ihre Stimmung entscheidend, womit Sie sich befassen. Auch wenn eine US-Serie wie Grey's Anatomy ein wahrer Straßenfeger ist und Sie sich stundenlang mit Ihren Freundinnen über die Erlebnisse von Dr. Grey und Dr. Yang austauschen können: Im Endeffekt steckt darin viel Leid und man sieht auf sehr plastische Art schlimmste Verletzungen. Und das schlägt sich auf Ihr Gemüt. Ich will Ihnen die Serie nicht schlechtreden, aber Nebenwirkungen durch den Handlungsverlauf sind nicht auszuschließen.

Ein Versuch des Sozialpsychologen John Bargh unterstreicht diese Ansicht. Seine Versuchspersonen sollten Sätze ordnen, in denen die Worte durcheinandergeraten waren. Als Beispiel: »Der ist Mann unhöflich ziemlich.« Bei der ersten Gruppe kamen hauptsächlich Begriffe vor, die mit Grobheit und Unhöflichkeit in Zusammenhang gebracht werden wie aggressiv, ärgerlich, stören oder unausstehlich. Die zweite Gruppe sollte sich mit höflichen Begriffen auseinandersetzen: herzlich, behutsam, zuvorkommend oder bescheiden. Die Worte der dritten Gruppe waren neutral gehalten. War ein Teilnehmer mit seiner Übung fertig, sollte er in den Nebenraum gehen, um den zuständigen Versuchsleiter nach der nächsten Aufgabe zu fragen. Hier erst begann das Experiment: Denn der Versuchsleiter war in ein Gespräch vertieft und schien den Versuchsteilnehmer nicht zu bemerken. Es wurde gemessen, ob dieser innerhalb von zehn Minuten das Gespräch unterbrach und auf sich aufmerksam machte. Von den Teilnehmern der ersten Gruppe mit den unhöflichen Worten konnten zwei Drittel nicht warten. Es waren hingegen nur 16 Prozent, also nicht einmal jeder Fünfte der »höflichen« Gruppe, die unterbrachen. Bei der neutralen Gruppe waren es 38 Prozent.

Dass die Teilnehmer des Versuchs durch die Worte beeinflusst waren, glaubte keiner von ihnen. Bei einer Befragung danach sah kein einziger einen Zusammenhang zwischen der Übungsaufgabe und der Entscheidung, den Versuchsleiter zu unterbrechen.

Doch die Ergebnisse sind so eindeutig, dass sie den Schluss nahelegen: Schon einzelne Worte, die eindeutig positiv oder negativ besetzt sind, steuern unser Verhalten. Wir »primen« uns mit ihnen – das heißt, wir aktivieren in uns eine Vorerfahrung, die unbewusst zur Grundeinstellung wird, und bewerten mit dieser nachfolgende Situationen. Sie merken es selbst, wenn Sie etwa beschimpft werden. Den Ärger darüber bekommen Sie so schnell nicht los – wer Sie kurz darauf anspricht, muss mit einer patzigen Antwort rechnen. Wenn Sie Ihr Unterbewusstsein mit Krankheit, Trauer und Tod primen, wie es in Serien wie Grey's Anatomy der Fall ist, schwingen diese Eindrücke in Ihnen mit, auch wenn der Fernseher schon lange abgedreht ist.

Es genügen ja schon Eigenschaftsworte wie die oben genannten, die nicht gegen uns gerichtet sind. Das ist nur nicht so eindeutig wahrnehmbar. Beschimpft uns jemand, wissen wir, warum wir wütend sind. Werden wir mit unscheinbaren »schlechten« Worten konfrontiert, denken wir uns nicht viel. Ihre Wirkung entfalten sie dennoch.

Werden Sie sich anhand dieses Beispiels bewusst, dass unschöne Eindrücke, böse Worte, wo immer sie herkommen, die mögliche Ursache sein können für eine anschließende Traurigkeit, eine Unzufriedenheit, die zu einem Streit mit Ihrem Partner führen kann, oder für Antriebslosigkeit. Das alles kann rein aus negativen, tristen, deprimierenden Darstellungen entstehen. Schauen Sie sich Ihre Lieblingsserie weiterhin an, den Actionfilm, in dem geflucht, geschimpft und geschlagen wird. Aber seien Sie sich der Wirkung bewusst und versuchen Sie, diese Eindrücke dann nicht in Ihr echtes Leben mitzunehmen. Das ist leichter geschrieben als getan, denn es geht dabei darum, Ihr Unterbewusstsein zu überlisten. Das steuert nämlich Gedanken und Verhalten des Menschen. Es zu umgehen, erfordert einerseits das Wissen um solche Einflüsse, andererseits Ihr bewusstes Denken. Und bewusstes Denken verbraucht einfach mehr Energie. Dieser Satz ist nicht ironisch gemeint. Unser Gehirn geht einfach nur sparsam mit seinen Ressourcen um und verlässt sich gerne auf Intuition, auf Gelerntes, auf Impulse des Unbewussten. Es reagiert erst, wenn bewusstes Denken nicht mehr zu vermeiden ist, und setzt die Energie erst dann ein.

Diese negativen Worte oder Beeinflussungen stecken aber nicht nur in Fernsehserien. Sie stecken in der Tageszeitung, sie stecken in Begegnungen, sie stecken im Verhalten von anderen Personen. Wenn Ihr Bekannter bei jedem Gespräch seine Krankheiten aufzählt und darüber klagt, wie schlecht es ihm gehe, zieht Sie das auch hinunter. Unwillkürlich. Versuchen Sie daher, das Gespräch auf angenehmere Dinge zu lenken. Wir sollen nicht das Leid der Welt ignorieren. Aber wir sollen auch nicht darin baden.

Beginnen Sie stattdessen, Ihr Leben von der Seite zu betrachten, die sich für Sie gut anfühlt. Sie kennen das: zwei Tage, die sich eigentlich komplett ähneln und doch grundverschieden anfühlen:

Sie gehen zur Busstation, der Bus hat Verspätung und er ist überfüllt. Beim Aussteigen drängeln sich Kinder, die unbedingt einen Sitzplatz ergattern wollen, an ihnen vorbei und rempeln Sie an. Am Weg zum Firmengebäude bietet Ihnen der Blumenverkäufer seine frischen Dahlien an. In der Firma gehen Sie am Portier vorbei. Er liest in der Zeitung, anstatt Sie wie üblich zu grüßen. Sie erreichen Ihr Büro und lassen sich auf den Sessel fallen.

Wenn schlechte Einflüsse Sie vor diesem Arbeitsweg geplagt haben oder unauffällig in Sie gekrochen sind, ärgern Sie sich über die ständige Unpünktlichkeit im öffentlichen Verkehr. Sie halten es im Bus kaum aus. Es riecht unangenehm, ist heiß und Sie haben keinen Platz. Diesen ungezogenen Rotznasen gehören einmal Manieren beigebracht – wissen die nicht, dass man zuerst die Leute aussteigen lässt? Und da ist ja wieder dieser aufdringliche Blumenverkäufer. Lass mich doch in Ruhe mit deinem halb verwelkten Kraut. Den Portier müsste man ja melden. Wird der fürs Zeitung lesen bezahlt? Endlich im Büro, schlimmer kann es ja nicht mehr werden.

Oder Sie hatten davor ein wunderbares Frühstück mit Ihrer Familie. Die Stimmung war gut, Sie haben die Liebe jedes Einzelnen gespürt und sind so gut drauf wie schon lange nicht. Daher gehen Sie nicht, Sie schweben zur Bushaltestelle, mit einem Lächeln im Gesicht. Dass der Bus Verspätung hat, bemerken Sie nicht einmal. Sie sind zu sehr damit beschäftigt, den Eichhörnchen zuzusehen, die im angrenzenden Park den Baum hinaufflitzen. Im Bus lauschen Sie einem Gespräch zwischen einer Mutter und ihrer erwachsenen Tochter und müssen in sich hineinlächeln. Ihre Mutter hält Ihnen auch immer noch vor, bei Kälte zu wenig anzuziehen. Dann schneiden Sie Grimassen, weil ein kleines Kind Sie ansieht, und bringen es damit zum Lachen. Beim Aussteigen weichen Sie den hereinstürmenden Schülern aus und sind stolz auf Ihre Beweglichkeit. Blumen wären doch eine gute Idee, Ihren Partner haben Sie schon länger nicht mehr beschenkt. Sie sagen dem Blumenverkäufer, er solle sie frisch halten, bis nach der Arbeit. Der lacht und verspricht, die schönsten für Sie aufzuheben. Als Sie beim Portier vorbeikommen, fragen Sie ihn munter, ob die Welt noch steht, und gehen in Ihr Büro, um gleich dort weiterzumachen, wo Sie am Vortag aufgehört haben.

Übrigens muss es nicht ein perfektes Frühstück mit der Familie sein, das Ihre Laune in den Himmel hebt und Ihren Tag rettet. Oft sind Kleinigkeiten ausschlaggebend. Schon wenn Sie ein Zehn-Cent-Stück finden, geht es Ihnen viel besser als zuvor. Das zeigte ein Versuch der Psychologinnen Paula F. Levin und Alice M. Isen, bei dem eben eine Zehn-Cent-Münze in einer Telefonzelle versteckt wurde. (Der Versuch hat also vor dem Handy-Zeitalter stattgefunden. Heute würde die Münze verrotten.) Hatte eine Glückliche oder ein Glücklicher die Münze gefunden und die Telefonzelle verlassen, ließ ein Lockvogel vor demjenigen seine Tasche scheinbar versehentlich fallen. Papiere wurden dabei über den Weg verstreut. Beinahe alle, nämlich 88 Prozent derer, die das Kleingeld gefunden hatten, halfen ohne Zögern, die Zettel wieder einzusammeln. Selbstverständlich, denken Sie? Nur einer von 25, die vor dem Malheur keine Münze gefunden hatten, half dem Unglücklichen mit seinen herumfliegenden Zetteln. Eine Kleinigkeit mit großer Wirkung, denn mit echter Hilfsbereitschaft geben Sie Ihre gute Laune auch weiter.

→ Ihre Umgebung nimmt Ihre gute Laune an

Ihre gute Stimmung verbreitet sich also. Geradezu abhängig von Ihrer guten Laune und allgemein davon, wie Sie sich fühlen, sind Kinder. Natürlich die eigenen – ganz klar. Deren Entwicklung hängt davon ab. Sie kopieren die Eigenschaften der Eltern ja richtiggehend. Gut, in der Pubertät wollen sie sich klar abgrenzen, aber bis dahin ist schon viel passiert.

Und auch, wenn es nicht die eigenen Kinder sind, sondern Sie etwa regelmäßig auf die kleine Nichte aufpassen: Sie haben viel Verantwortung alleine dadurch, wie Sie sich geben. Sie sollen sich nicht verstellen, keineswegs. Aber seien Sie sich bewusst, dass Sie ein Vorbild sind. Ihr Kind sieht zu, wenn Sie Ihren Partner respektlos behandeln. Ihr Kind hört zu, wenn Sie abfällig über einen anderen Menschen sprechen.

Und ganz wichtig: Lassen Sie Ihre schlechte Laune, die Sie eigentlich aus einem ganz anderen Grund haben, nicht an einem Kind aus! Sonst beginnt ein Kreislauf negativer Emotionen. Beispiel: Sie fahren mit dem Auto. Ihr Kind auf dem Rücksitz fragt Sie, ob es ein Eis haben kann. Wenn Sie guter Laune sind und nichts Ihren Tag getrübt hat, im Gegenteil, Sie vielleicht davor in der Arbeit erfolgreich waren, werden Sie womöglich sagen: »Das ist eine gute Idee, mein Schatz! Lass uns beim nächsten Eissalon anhalten!«

Wenn Sie aber kurz davor ein anderer Verkehrsteilnehmer geschnitten, Sie in eine gefährliche Situation gebracht und Ihnen auch noch den Vogel gezeigt hat, dann drehen Sie sich womöglich wütend um und sagen: »Heute gibt es kein Eis! Das ist ein Wahnsinn, wie viel Zucker du in dich reinstopfst. Das muss jetzt einmal ein Ende haben!« Irgendwo muss der Frust wieder raus. Die nächstbeste »Möglichkeit« dazu wird meist genutzt.

→ Stoppen Sie den Kreislauf negativer Emotionen!

Sie wurden negativ beeinflusst und verwendeten das falsche Ventil, um den Ärger wieder loszuwerden. Das Kind wird geängstigt und muss diese Situation erst wieder verarbeiten. Entweder nach innen. Dann äußert das sich möglicherweise Jahre später und das Kind weiß gar nicht mehr, warum. Oder nach außen – vielleicht im Kindergarten, wenn um Spielzeug gestritten wird, und es gibt die Angst, den Frust weiter. Kleinigkeiten, die das Leben verändern können. Stoppen Sie den Kreislauf negativer Emotionen!

Die Psychologie dahinter: **Das Unbewusste** steuert unbemerkt die Gedanken und das Verhalten des Menschen. Da es verdeckt arbeitet und wir nicht direkt darauf einwirken können, hat Sigmund Freud die Psychoanalyse auf seiner berühmten Couch durchgeführt, um einen Zugang zum Unbewussten zu erlangen. Das Unbewusste drückt sich schlussendlich über das Bewusstsein aus. Es »spricht« durch unsere Vorlieben, durch die Art, wie wir Dinge deuten, und durch die Symbole, von denen wir uns angezogen fühlen oder die wir selbst erschaffen. Viele psychischen Probleme haben mit der Verdrängung unangenehmer Erfahrungen in das Unbewusste zu tun. In der Psychoanalyse von Freud geht es daher darum, diese Erfahrungen bewusst zu machen und wieder Herr über sich selbst zu werden. Auch der Psychiater Carl Gustav Jung war der Überzeugung: Durch das Verstehen lösen wir uns von der Beherrschung durch das Unbewusste.

Ich habe vorher kurz das Lächeln erwähnt, das man sich hie und da ruhig erlauben kann. Auch wenn man keinen Grund dazu hat, kann es helfen: um gute Laune zu bekommen oder sich zumindest ein bisschen besser zu fühlen. Bewegen Sie einfach die Mundwinkel. Vom Mund Richtung Ohren. Auch wenn es sich für Sie anfühlt, als hätten Sie eine Banane quer im Mund. Das beeinflusst Ihre Gefühlslage, denn die Muskeltätigkeit der Gesichtspartie wird genauso an das Gehirn weitergeleitet wie hängende Schultern oder ein schlurfender Gang.

Das zeigt auch eine Studie des deutschen Sozialpsychologen Fritz Strack, in der Probanden schreiben mussten – und zwar mit dem Mund. Gleichzeitig bekamen sie einen Zeichentrickfilm zu sehen. Eine Gruppe hielt den Stift mit den Lippen fest ohne die Zähne zu Hilfe zu nehmen. Sie haben das Bild vor Augen? Ein

O formt sich, ein gespitzter Mund, wie wir ihn uns bei strengen, alten Tanten vorstellen. Die andere Gruppe sollte den Stift fest mit den Zähnen halten, er durfte allerdings die Lippen nicht berühren. Schon haben wir das verzerrt wirkende und unechte Grinsen, das aber seine Wirkung nicht verfehlt. Diese Männer und Frauen beurteilten den Film und die Zeichentrickfiguren als viel lustiger als die mit dem Stift zwischen den Lippen. Die Psychologen interpretierten das Ergebnis klar so, dass die körperliche Aktivierung eines Gefühlsausdrucks genügt, um eine emotionale Reaktion hervorzurufen. Der Körper macht's, das Gehirn folgt einfach nach.

Unsere Sinne lenken mit

Unsere Gefühle und Werte sind nicht festgeschrieben, fix in uns verankert und unveränderlich, solange wir leben. Da spreche ich gar nicht von der Entwicklung von Jung bis Alt, in der sich viele Ansichten wandeln können. Und ich spreche auch nicht von unterschiedlichen Sichtweisen, die entstehen, während man sich vom Jobeinsteiger zur Führungskraft hocharbeitet.

Von einem Moment auf den anderen schlagen sich, plötzlich und unvermutet, scheinbar völlig irrelevante körperliche und sinnliche Wahrnehmungen auf unseren Gemütszustand nieder. Und wir werden uns dessen nicht einmal bewusst. So haben Sie gute Chancen, als gutmütig, fürsorglich oder gesellig bezeichnet zu werden, wenn Sie Ihrem Gegenüber eine Tasse warmen Tee oder Kaffee in die Hand drücken. Das zeigt ein Experiment, bei dem die Wissenschaftler Lawrence Williams und John Bargh 41 Teilnehmern ihrer Studie unter einem Vorwand entweder eine warme Tasse Kaffee oder ein Glas Eiskaffee reichten. Danach bekamen diese Teilnehmer die schriftliche Beschreibung einer

Fantasieperson präsentiert. Darin wurde die Lebensweise dieser Person beschrieben und wie sie so tickt. Ob sie tüchtig ist und intelligent, entschlossen oder vorsichtig.

Nun sollten die Studienteilnehmer dieser Person weitere Charaktereigenschaften zuteilen. Charaktereigenschaften wie gesellig oder abweisend, fürsorglich oder egoistisch. Eigenschaften, deren Träger wir entweder als »warme« oder »kalte« Persönlichkeit empfinden. Die fiktive Frau oder der fiktive Mann bekam von den Probanden mit den »warmen Händen« deutlich positivere Bewertungen als von der Vergleichsgruppe mit dem Eiskaffee – diese hatten kalte Hände –, dementsprechend »kühl« waren die Beurteilungen.

Sie beurteilen demnach neue Bekanntschaften positiver, wenn Ihre Hände gewärmt wurden. Sie sind offener und zugänglicher, wenn Sie sich in einer wohligen Umgebung befinden. Daher ist es wichtig, wenn Sie etwa jemanden zu sich einladen, die Sinne dieser Person angenehm anzusprechen. Den Fühl- und Tastsinn etwa oder den Hörsinn mit angenehmer Musik. Wärme und eine angenehme Atmosphäre können auch ausschlaggebend sein, wenn Sie mit jemandem in Vertragsverhandlungen sind. Fühlt man sich wohl, empfindet man dadurch Sympathie und macht eher Zugeständnisse.

Wir können mit noch so starken Kaufabsichten ein Geschäft betreten. Ist die Atmosphäre nicht stimmig und der Verkäufer kühl, könnte es sein, dass wir die Anschaffung verschieben. Dieses wohlige Gefühl lässt sich auch durch die Nähe von Freunden erzeugen. In einer geselligen Runde, in der man sich rundum angenommen fühlt, nehmen Menschen das Raumklima wärmer wahr, als wenn sie alleine sind.

So können sich also Wärme und Empfinden gegenseitig beeinflussen. Das zeigt auch ein Versuch, in dem Teilnehmer einen Polster halten sollten. Er wurde ihnen als neues Produkt für therapeutische Zwecke vorgestellt. Einmal hatte der Polster kühle

15 Grad, einmal 41 Grad. Danach, um die Teilnehmer im Glauben zu lassen, es ginge um den Polster, sollten sie diesen bewerten und sagen, ob sie den Polster weiterempfehlen würden. Doch der eigentliche Test begann erst danach. Als Dankeschön für die Teilnahme an dem »Produkttest« durften sie wählen: zwischen einem Erfrischungsgetränk für sich selbst und einem kleinen Geschenk für einen Freund, eine Freundin. 75 Prozent der Tester des kalten Polsters nahmen das Getränk. Wer den warmen Polster in Händen hielt, beschenkte überwiegend einen anderen Menschen.

Unsere Entscheidungen können also von so kleinen Dingen abhängen. Und können so weitreichend sein. Beschenken wir jemanden, erzeugen wir in diesem Menschen Freude, die unmittelbar weiter- und auch wieder zurückgegeben wird. Mit solchen Kleinigkeiten beeinflussen wir den Verlauf unseres Lebens. Denn unsere Entscheidung jemanden zu beschenken wirkt, ohne dass wir benennen könnten, wie sie wirkt. Wir wissen nur, wir haben liebevolle Nahbeziehungen zu Mitmenschen oder wir vermissen eben solche Nahbeziehungen. Das ist oft das Resultat unserer entweder »warmen« oder »kühlen« Handlungsweisen.

Die Psychologie dahinter: **Embodiment.** Diese Theorie geht davon aus, dass unsere Entscheidungen, Verhaltensweisen, Urteile und Gefühle untrennbar mit unseren sinnlich-motorischen Erfahrungen zusammenhängen. Das betrifft etwa den Kontakt mit warmen oder kalten Gegenständen, aber auch mit harten oder weichen oder mit glatten oder rauen Oberflächen. Demnach sind die Sinne eine Verbindung zwischen der Umwelt und unseren bewussten und unbewussten Denkprozessen.

Sklave der Gewohnheiten

Gehen Sie eigenbestimmt durch die Welt? Sind Sie sich Ihrer sicher? Oder handeln Sie so, wie es Ihr Umfeld und Konventionen bestimmen? Verstehen Sie mich nicht falsch. Wir haben uns in unserer Gesellschaft gewisse Verhaltensnormen erarbeitet, die das herausfordernde Leben mit unseren Mitmenschen erst möglich machen. Demokratische Gesetze unter dem Gebot der Menschenrechte, soziale Regeln und auch religiöse Gebote haben den Sinn, dass die Menschen friedlich zusammenleben können. Dass Eigentum respektiert wird und nicht Chaos und Willkür im gegenseitigen Umgang oder Übertretungen persönlicher Grenzen dieses friedliche Zusammenleben stören. Es geht um etwas viel Simpleres. Es geht darum, dass Sie selbst über sich bestimmen. Dass Sie nicht nur aus Gewohnheit so weitermachen wie bisher und nur Sklave Ihrer Gewohnheiten sind.

Das Gehirn liebt Gewohnheiten. Sie helfen ihm, viele Aufgaben nebenher zu erledigen. Und das ist natürlich praktisch. Denn die unglaublichen Möglichkeiten des Gehirns, die enorme Wandelbarkeit und die Leistungen, die das Gehirn vollbringt, bedeuten, dass auch Sie zu unglaublichen Dingen fähig sind. Dinge, die Sie sich im Moment vielleicht einfach nur nicht zutrauen.

Was uns bewusst ist, ist für uns selbstverständlich. Wir nehmen wahr, was uns umgibt, was um uns herum passiert. Doch diese Selbstverständlichkeit hat einen arbeitsintensiven Hintergrund. Wir drehen den Kopf, erblicken einen Gegenstand und erkennen scheinbar sofort Form, Farbe und Art des Gegenstands. Doch was spielt sich hinter dieser sinnlichen Wahrnehmung ab? Das Gehirn betreibt Leistungssport. Milliarden visueller Neuronen beteiligen sich daran. Wie der französische Kognitionswissenschaftler Stanislas Dehaene beschreibt, kann es fast eine halbe Sekunde dauern, bis diese Arbeit abgeschlossen ist. Erst dann bekommt das Bewusstsein eine Ahnung, was da gerade vor sich gegangen ist.

Sie sind imstande, Dinge zu leisten, die Sie nicht für möglich halten. Zum Beispiel die Geschichte eines Neurologen. Dessen Vater war begeisterter Bergsteiger und noch rüstig und unternehmungslustig. Dann traf ihn ein Schlaganfall wie eine Keule. Er musste gepflegt werden. Den ganzen Tag verbrachte er im Bett. Sein Sohn fand bei Untersuchungen des Gehirns heraus, dass durch den Schlaganfall die linke Gehirnhälfte seines Vaters stark beschädigt, um nicht zu sagen unbrauchbar geworden war. Der Neurologe begann mit intensiven und täglichen Übungen, die er mit seinem Vater durchführte. Sein Plan war es, all die Funktionen, die nach dem Schlaganfall inaktiv wurden wie Bewegungen, Sprechen und Tasten, wieder herzustellen. Und der Vater dürfte die Anstrengungen mit eisernem Willen unterstützt haben. Es dauerte lange, doch erste Erfolge stellten sich ein. Das bekräftigte die beiden Männer weiterzumachen. Tag für Tag, Monat für Monat. Nach drei Jahren begann der ehemalige Bergsteiger wieder mit leichten Wanderungen. Und auch einen Gipfel sollte er wieder erklimmen. Das beständige Training hatte sich ausgezahlt. Haben die Übungen bewirkt, dass die linke Gehirnhälfte wieder aktiviert wurde? Nein. In einer späteren Untersuchung stellte der Neurologe fest, dass durch neue Nervenbahnen, neue Synapsen das Gehirn umstrukturiert wurde. Die rechte Gehirnhälfte hatte viele Aufgaben der linken übernommen. Nicht das Alte neu geschaffen, sondern sich so organisiert, dass die Anforderungen trotzdem erfüllt werden können.

→ Sie sind imstande, Dinge zu leisten, die Sie nicht für möglich halten

Das Gehirn ist also ein braver Diener von uns Menschen. Es versucht, alles möglich zu machen, es schafft notwendige Verknüpfungen, organisiert sich neu und ordnet ungenutzten Arealen neue Funktionen zu. So hat ein Team von Wissenschaftlern aus Kanada, den USA und Deutschland herausgefunden, dass das Gehirn bei gehörlosen Menschen die Areale, die für das Hören zuständig sind, nutzt, um besser sehen zu können. Dem Areal werden visuelle Aufgaben zugeteilt, um den Ausfall des Hörens mit verbesserten Fähigkeiten der anderen Sinnessysteme zu kompensieren.

Genauso wie das Gehirn auf seine Art versucht, sich auf eine erzwungene neue Situation einzustellen und das Beste daraus zu machen, genauso können Sie Ihrem Gehirn sehr, sehr viel Neues beibringen. Dabei entscheiden nicht Sie, welche Synapsen dafür gebildet werden oder welche Areale für neue Fähigkeiten genutzt werden. Müssen Sie auch nicht, Ihr Gehirn erledigt das schon. Was Sie aber tun müssen: Es machen! Trainieren! Regelmäßig und über lange Zeit. Sie müssen Ihrem Gehirn die Zeit geben, die es braucht. Nervenstränge zwischen Gehirnhälften sind nicht in einer Woche aufgebaut.

Das Gehirn benötigt kontinuierlich die Bestätigung, dass ein Bedarf für diese neue Verknüpfung da ist. Dass diese Verknüpfung eine wesentliche Erleichterung darstellt. Denn diese Eigenschaft hat das Gehirn ebenfalls: Es will es sich leicht machen. Einmal Gelerntes geschieht nach langer Routine nebenher. So wie Essen oder Autofahren. Aber auch die Tätigkeit im Job, den man seit zwanzig Jahren macht, oder Artistisches wie mit fünf Bällen jonglieren. Auch das kann zur Routine werden.

Daher wird uns langweilig bei Dingen, die wir schon ewig machen. Wir verbrauchen dafür auch kaum mehr Energie. Diese Langeweile ist für Sie das Zeichen, a) es zu perfektionieren oder b) etwas Neues zu lernen. Dafür brauchen Sie das Alte nicht zu vernachlässigen, das geht ohnehin schon nebenher. Was Sie auf keinen Fall müssen: sich darüber ärgern, dass Ihnen langweilig ist. Sie können stolz auf sich sein, diese Sache schon so gut zu können, sie schon so verinnerlicht zu haben. Das war ja auch Ihr Ziel, als

Sie damit begonnen haben. Doch dieses Eingelernte, dieser Vorteil von Routine und Gewohnheit kann auch zum Bumerang werden.

Einer der bekanntesten Schriftsteller unserer Zeit, Autor zahlreicher Bestseller, ist Stephen King. Er ist für seine Horrorromane berühmt. Stephen King schreibt so viel wie kaum ein anderer seiner Zunft. Pro Jahr veröffentlicht er etwa drei neue Bücher. Und das sind keine Kurzgeschichten, sondern Wälzer mit im Schnitt 700 Seiten. Sein Geheimnis: Stephen King hat es sich zur Gewohnheit gemacht, jeden Tag 2000 Wörter zu schreiben. Das ist sein Pensum, das er sich zum Ziel gesetzt hat, und er hält es ein. Egal, ob er an einem Tag dafür zwei oder vier oder sechs Stunden braucht. Eine Gewohnheit, die ihm hilft weiterzukommen mit seinen Werken. Sich nicht in Nebensächlichkeiten zu verlieren und von seiner eigentlichen Arbeit ablenken zu lassen. Also eine gute Methode, Disziplin halten zu können. Und er konnte als junger Schriftsteller dadurch schon bald die Macht der Gewohnheit nutzen, die ihm half, dieses selbstauferlegte Programm regelmäßig einzuhalten. Doch eine weitere Gewohnheit wurde ihm beinahe zum Verhängnis. King schreibt in dem Buch »On Writing« darüber. Ein Buch, in dem er Tipps zum Schreiben gibt, das zu einem großen Teil aber auch Autobiografisches enthält.

Er hatte sich als junger, unbekannter Autor, als er neben seiner Tätigkeit als Lehrer und einem Nebenjob in einer Wäscherei nur in der Nacht zum Schreiben kam, angewöhnt Bier zu trinken, während er Zeile für Zeile in die mechanische Schreibmaschine tippte. Er hatte immer eine Dose Miller Lite auf seinem Schreibtisch stehen. Mit der Zeit war die Bierdose immer schneller leer. Er trank mehr davon. Es kam so weit, dass King bei seiner Schreibarbeit regelrecht betrunken war. »Am Ende meines Abenteuers trank ich eine 24er-Packung der großen 16-Unzen-Dosen Bier in einer Nacht und ich kann mich kaum daran erinnern, den Roman Cujo geschrieben zu haben.«

Doch es war schon so eine starke Verknüpfung zwischen Bier und Schreiben entstanden, dass er sich nicht mehr vorstellen konnte, ohne Alkohol überhaupt etwas zustande zu bringen. Er hatte Angst, ohne sein Bier nicht mehr kreativ sein zu können. Und noch dazu genügte der Alkohol alleine irgendwann nicht mehr. Drogen kamen dazu. Kokain. In »On Writing« beschreibt Stephen King, wie seine Frau ihn aufrüttelte. Wie sie Freunde und Familie zusammentrommelte und ihren Mann mit der großen Tragik, die sein Leben eingenommen hatte, konfrontierte. Brutal und frontal. Sie führten ihm vor Augen, dass er dabei war, sein Leben zu zerstören und seine Familie zu verlieren.

Stephen King musste es wagen. Um seiner selbst willen. Um seiner Familie willen. Er musste mit dieser Gewohnheit brechen. Musste riskieren, keinen einzigen Roman mehr zustande zu bringen. Doch mittlerweile wusste er, dass seine Gesundheit wichtiger war als all seine Bestseller zusammen. Und dass sein Leben ohne seine Frau und ohne seine Kinder aufwachsen sehen zu können, keinen Sinn hatte. Reichtum hin oder her.

Der Anfang war schwer. Sein Gehirn kannte sich nicht aus. Es hatte die Tätigkeit Schreiben untrennbar mit dem Bier verknüpft. Doch King hörte mit dem Schreiben nicht auf. Er blieb der einen Gewohnheit treu, um eine andere loszuwerden. Auch wenn die ersten Texte seiner Meinung nach sehr banal, flach und zögerlich formuliert waren. Er musste sie ja nicht veröffentlichen. Jetzt schrieb er nur für sich und die Blätter verschwanden in der untersten Schublade seines riesigen, massiven Schreibtisches. Bis er den »Beat« und dann auch den Spaß am Schreiben wieder fand.

Es dauert nicht lange, bis das Gehirn bemerkt: Hoppla, da ist jetzt etwas anders. Man glaubt nicht, bevor man es ausprobiert hat, wie schnell Gewohnheiten hergestellt, aber auch wieder beseitigt werden können.

Stellen Sie sich vor, Sie trinken jeden Abend ein Glas Wein. Als krönenden Abschluss des Tages. Sie fühlen sich gelöst, entspannen sich und genießen Schluck für Schluck. Nur dieses eine Glas. Machen Sie das einige Tage hintereinander, melden sich schon Minuten vor dem Ritual Ihre Sinne. Sie machen Sie schon richtiggehend darauf aufmerksam. Sie freuen sich schon auf den herben, fruchtigen Geschmack. Es ist Ihnen eine liebe Gewohnheit geworden. Und das ist gut und sei Ihnen vergönnt. Aber wenn Sie einmal probieren wollen, wie schnell man sich umgewöhnen kann, wechseln Sie von Wein auf Tee. Es ist am Anfang eine Überwindung, denn Wein und Tee sind nun einmal grundverschieden. Der eine kühl temperiert, der andere heiß. Der eine mit Alkohol, der andere ohne. Das eine Getränk ist schnell eingeschenkt, das andere dauert ein paar Minuten in der Zubereitung.

Zu Beginn werden Sie Ihren Wein vermissen und sich fragen, warum Sie diesen langweiligen Tee trinken. Doch es dauert nicht lange, ein paar Tage, eine Woche vielleicht und Sie haben sich umgestellt. Auf eine neue Gewohnheit. Sie bereiten sich vor dem Schlafengehen Ihre Tasse Tee zu. Sie freuen sich schon auf das wohlige Gefühl, wenn Sie die Tasse zwischen Ihren Händen halten und das warme Getränk sich in Ihrem Magen ausbreitet. Dazu der anregende Duft von Kräutern oder Gewürzen, der Ihnen in die Nase steigt.

Solch eine Änderung Ihrer Gewohnheiten können Sie mit vielen Dingen probieren. Setzen Sie statt Wein Kartoffelchips ein und statt Tee Apfelspalten. Oder statt Wein Computer spielen und statt Tee packende Romane lesen. Oder auch statt Wein mit dem Aufzug fahren und statt Tee die Stiegen nehmen. Ganz egal. Sie sind an Gewohnheiten nicht endlos gekettet. Sie können sie aufbrechen. Vor allem, wenn Sie selbst unzufrieden damit sind. Oder sich mit Ihnen nicht mehr wohl fühlen. Dann sollten Sie bald damit anfangen.

→ Ändern Sie belastende Gewohnheiten ab sofort

Dieses Wohlfühlen ist sowieso ein Begriff, den Sie nie aus den Augen verlieren sollten. Das beginnt mit dem Ende des Tages – wenn Sie schlafen gehen. Nehmen Sie sich ab jetzt schon am Abend vor, wie Sie am nächsten Morgen aufwachen wollen. Beschwingt und gut gelaunt ist die beste Variante. Oder tatkräftig und mit Freude auf die Herausforderungen des Tages. Sie werden jetzt vielleicht denken, wer nimmt sich schon vor, mies gelaunt aufzuwachen. Und doch, auch wenn Sie es vielleicht nicht bewusst vorhatten, kommt es oft vor, dass Sie sich schon bei den ersten Sonnenstrahlen den Polster über den Kopf ziehen wollen. Am liebsten nichts hören und nichts sehen. Haben Sie dann vielleicht Ihre Stimmung vom Vorabend mitgenommen? Sind Sie mit Sorgenfalten eingeschlafen? In dem Moment, in dem Sie die Augen schließen, legen Sie künftig einen Schalter um. Den Schalter von schlechter Laune zu hoffnungsvoller Frohnatur. Und stellen Sie sich vor, wie Sie optimistisch und kraftvoll den Tag beginnen.

Natürlich kann es Sorgen geben, die Sie quälen, natürlich kann der nächste Tag Unangenehmes bereithalten. Doch das wird so sein, egal ob Sie darüber schon im Voraus Tränen vergießen oder wie ein stolzer Ritter ohne Furcht und Tadel sagen: Mich kann das doch nicht erschüttern. Ich nehme die Herausforderungen an und löse sie Schritt für Schritt. Ich gehe den Berg hinauf, suche in der Höhle den Drachen und bezwinge ihn. Am Schluss winken mir die hübsche Prinzessin und ein riesiger Goldschatz. (Weibliche Ritter münzen die Belohnung um auf einen kräftigen Prinzen und eine Truhe voll mit Schmuck und Edelsteinen.) Sie sind der Chef, die Chefin über Ihren Gemütszustand. Sie bestimmen, wie es Ihnen geht. Behalten Sie die Hosen an und lassen Sie nicht Ihre

Stimmungsschwankungen oder Ängste die Oberhand gewinnen. Sie können das schaffen!

Die Psychologie dahinter: **Erlebenszustände.** Eric Berne entwickelte das Konzept der Erlebenszustände. Wir reagieren je nachdem, ob wir uns im Eltern-Ich, im Kind-Ich oder im Erwachsenen-Ich befinden, anders. In den ersten beiden sabotieren wir uns mental. Schlüpfen wir in die Eltern-Rolle sind wir bevormundend und kompromisslos. Oder wir verhalten uns in Reaktion auf eine Situation wie das Kind, das wir einmal waren. Also trotzig, ablehnend, kindisch albern. Anzustreben ist das Erwachsenen-Ich, in dem wir überlegte Entscheidungen treffen und unsere Überzeugungen vertreten, ohne uns von destruktiven Gemütszuständen ablenken oder gar fehlleiten zu lassen. Die Psychoanalytikerin Karen Horney hat erkannt, dass wir uns oft von Glaubenssystemen leiten lassen, die uns daran hindern, unser ganzes Potenzial zu entfalten. Wir sollten aus eigener Überzeugung handeln, also das Real-Selbst pflegen, anstatt einem Soll-Selbst nachzueifern, das uns Gebote von außen vorgibt, also »Ich muss erfolgreich sein« oder »Ich muss schlank sein«. Der Psychiater William Glasser war überzeugt: »Um ein erfülltes Leben zu führen, müssen wir wissen, was wir wollen.«

Es hindert uns auch daran, unser eigentliches Potenzial zu entfalten, wenn wir uns in Denkmuster verstricken, die nicht konstruktiv sind. »Bevor mich jemand hineinlegt, bin ich nun einmal lieber von Beginn an misstrauisch.« Man integriert diese Sichtweise in sein Leben ohne zu reflektieren, wo gesundes Misstrauen eigentlich angebracht ist. In den meisten Fällen wird man sich mit fehlender Offenheit eher Chancen verbauen. Auf jeden Fall verhindert man, dass sich auch andere Menschen einem gegenüber öffnen.

Sie können aber auch verhindern, ein spannendes und abwechslungsreiches Leben zu führen, wenn Sie beginnen in Katastrophen-Szenarien zu denken. In vielen Dingen, die Sie früher vielleicht einmal interessiert haben, eine Gefahr sehen. Das könnte mit einem Kletterkurs beginnen, den Sie lieber doch nicht machen, einer abgesagten Motorradtour, bis dahin, dass Sie nicht mehr in andere Länder reisen und auch am Abend nicht mehr aus dem Haus wollen. Wenn Sie dazu keine Lust haben, gut. Aber überprüfen Sie, ob Sie sich nicht bereits in ein Denkschema verstrickt haben, das Ihre eigentliche Neugier überlagert.

Die Königsdisziplin ist es schließlich, sich auf dieses Erwachsenen-Ich in überraschenden Situationen, die uns womöglich auch noch überfordern, zu besinnen. Das sollte Ihr Ziel sein. Nicht aus einer Trotzreaktion heraus zu handeln. Nicht destruktiv auf einen Angriff zu reagieren. Nicht zuzumachen und auch nicht überheblich zu werden.

Sie denken jetzt wahrscheinlich: »Was will der von mir?!« Wenn Menschen das könnten, gäbe es keine Kriege und kein Leid. Sie haben recht, das Thema ist so komplex, man könnte darüber ein eigenes Buch schreiben (wie es auf wunderbare Weise Petra Bock mit »Mindfuck« gemacht hat). Doch wenn Sie diese Überlegung trainieren: Reagiere ich jetzt als erwachsener Mensch, reagiere ich der Situation angemessen und lösungsorientiert?, dann haben Sie schon einen großen Schritt gemacht.

Ein gesunder Geist in einem gesunden Körper

Diejenigen, die meinen, das Leben sei nach unseren Wünschen formbar, stellen auch unsere natürlichen, durch Evolution gereiften biochemischen Vorgänge im Körper mit dem Wirken unserer Gedanken in eine Beziehung. Da heißt es oft: Wer eine schwere Krankheit hat und sie nicht selbst heilen kann, ist selbst schuld daran. Ein Schlag ins Gesicht für alle, die mit einer Krankheit kämpfen und sich nichts sehnlicher wünschen, als wieder gesund zu sein und ein normales Leben zu führen.

Das einzig Beruhigende daran ist: Wir können tatsächlich selbst etwas tun. Der Körper kann gegen Krankheiten kämpfen. Wenn unser Unterbewusstsein unsere Gedanken, unser Verhalten steuern kann, ohne dass wir es merken, warum soll es nicht auch die Vorgänge im Körper steuern können? Den natürlichen Abwehrmechanismus des Körpers. Macht es auch. Und durch die richtige Einstellung und Vertrauen können Sie ihn dabei unterstützen. Es ist nicht ratsam, auf die Hilfe von Ärzten zu verzichten, aber Sie können ihnen die Arbeit erleichtern.

→ Vertrauen und eine positive Einstellung tun Ihrem Körper gut

Ein extremes und erschütterndes Experiment im Indien der 1930er-Jahre hat gezeigt, welche Macht die eigene Vorstellungskraft auf den Organismus haben kann. Die Behörden haben einem Arzt erlaubt, an einem zum Tode verurteilten jungen Mann einen Versuch durchzuführen. Der Arzt redete ihm ein, er wolle ihn verbluten lassen, weil dieser Tod schmerzlos und erträglicher sei als der Tod am Galgen. Der Mann willigte ein, ließ sich die

Augen verbinden und an Händen und Füßen an ein Bett fesseln. Danach ritzte der Arzt mit seinem Skalpell die Haut an den Handflächen und den Fußsohlen des Mannes ein. Die Schnitte waren aber zu oberflächlich und harmlos, als dass sie großen Schaden anrichten hätten können. Stattdessen stach der Arzt Löcher in Wasserbeutel und ließ das Wasser in Blechschüsseln tropfen. Zuerst langsam, dann schneller. Nach einiger Zeit begann der Arzt auch noch monoton zu singen. Er wollte wohl einen Trauergesang imitieren. Als das Wasser nur noch wenig in die Schüsseln tropfte, weil die Beutel leer waren, wandte sich der Arzt zum Todeskandidaten. Doch der rührte sich nicht. Der Arzt ging näher, er dachte der Mann wäre eingeschlafen. Doch er war tot.

Was war passiert? Der Mann hatte kein Blut verloren, doch er war der festen Überzeugung, Liter für Liter würde aus ihm herausfließen. Das alleine genügte, dass er seine Augen für immer schloss.

Die Macht der Einbildung – sie dürfte weitreichender sein, als wir ahnen. Dieses Beispiel ist nicht das einzige, das zeigt, dass wir unseren Körper und unsere Gesundheit stärker beeinflussen können, als uns bewusst ist. Wenn Sie also das nächste Mal bei geringen Beschwerden Dr. Google um Rat fragen, denken Sie bei der Fülle an Krankheiten, die das Internet kennt, auch daran, dass man sich in Symptome hineinsteigern kann.

Wie Vance Vanders, ein US-Amerikaner, der schwer krank wurde, weil ihn ein verrufener alter Mann, von dem die Leute glaubten, er sei mit der Hexerei im Bunde, verfluchte. Vanders hätte nur noch kurze Zeit zu leben, sagte der Hexer und der stechende Blick ging dem armen Vanders durch Mark und Bein – und mitten ins Herz. Die Ärzte im Krankenhaus wussten keinen Rat. Vance Vanders schien tatsächlich mit dem Leben abgeschlossen zu haben. Er magerte ab, es ging ihm von Tag zu Tag schlechter. Bis einer der behandelnden Mediziner von dem Fluch erfuhr. Er behandelte Vances eingebildete Krankheit mit dem einzig wirksamen Mittel: mit einer Täuschung. In einer aufwendigen Zeremonie trieb er seinem Patienten den Hexenzauber aus. Zum Schein. Und siehe da, nach einer Woche war Vance wieder voll hergestellt und konnte das Spital verlassen.

Beide Beispiele haben den gleichen Hintergrund. Der arme Verurteilte und Vance Vanders – beide fühlten sich ihrem Schicksal ausgeliefert und ergaben sich diesem daher voll und ganz. Für sie war nicht einmal denkbar, dass es anders sein könnte, geschweige denn, dass sie sich wehren könnten. Wir können daraus für uns lernen: Ergeben wir uns nicht! Wehren wir uns und bestimmen wir selbst, welchen Lauf unser Schicksal nehmen soll.

→ Bestimmen Sie Ihr Schicksal selbst

Depressive Gedanken müssen nicht tödlich sein. Doch wer negativen Gedanken nachhängt, wird anfälliger für Krankheiten. Aber auch den Rückkehrschluss hat etwa Andrew Steptoe von der University London nachgewiesen: Positive Gefühle verbessern die Gesundheit. Entzündungswerte werden gedämpft, Stresshormone reduziert und unser Herz schlägt nicht so aufgeregt und schnell. Glückliche Menschen leiden auch seltener an Husten, Schnupfen und Heiserkeit.

Doch vergessen wir dennoch eines nicht: Manchmal ist der Körper schlicht unterlegen. So wie beim Armdrücken einmal Sie und einmal Ihr Gegner, wenn er stark genug ist, gewinnen wird. So können ebenso Krankheitserreger die Oberhand gewinnen. Denn auch diese haben nur ein Ziel: zu überleben und sich zu vermehren. Und dann braucht der menschliche Körper Hilfe von außen. Sie müssen nicht bei jeder kleinen Erkältung oder wenn Sie mal einen Tag lang erhöhte Temperatur haben, Pillen schlucken. Lassen Sie den Körper seinen Job machen.

Die Medizin wurde von Leuten vorangetrieben, die es prinzipiell gut mit uns meinen. Ärzte und Forscher, die sich auf die Fahnen geschrieben haben, zu helfen. Leben zu verlängern und uns vor Leid zu bewahren. Aber auch sie sind Menschen, von denen es manche mit Arzneien vielleicht zu gut meinen. Die auf die Werbetricks der Pharmaindustrie manchmal leichtfertig reinfallen. Die richtige Mischung macht es aus. Denken Sie mit. Horchen Sie in sich rein. Holen Sie sich zweite und dritte Meinungen. Versuchen Sie, über eine positive, gesunde Lebensweise Ihren Körper fit zu halten und sich selbst zu heilen. Aber wenn es wirklich drauf ankommt, lassen Sie sich helfen!

Sie werden lachen ...

Ja, es stimmt: Lachen ist gesund. Das wurde wissenschaftlich ganz klar nachgewiesen. Daher gibt es auch Organisationen wie die Klinikclowns oder die Rote Nasen Clowndoctors, die in Spitälern Menschen – vor allem Kinder – zum Lachen bringen und so ihren Heilungsverlauf unterstützen. Der deutsche Arzt und Glücksforscher Eckhart von Hirschhausen hat deshalb die Stiftung »Humor hilft heilen« gegründet. Also ein Thema, das unsere Gesellschaft mittlerweile akzeptiert und annimmt: Lachen, glücklich sein verlängert das Leben und macht es wertvoller.

Lachen hat eine ganze Menge positiver Eigenschaften. Es stärkt das Immunsystem, indem es Zellen im Blut vermehrt, die für die Abwehr von Krankheitserregern notwendig sind. Außerdem hilft es, geschädigte Zellen zu eliminieren. Überdies werden die Stresshormone reduziert, man ist entspannter und beugt Depressionen vor. Lachen ist obendrein gut fürs Herz, weil die Durchblutung gefördert wird. Entzündungswerte wurden in Tests nach einer Lachkur deutlich besser. Außerdem senkt Lachen den Cholesterinspiegel.

Also ein wahres Wundermittel. Daher hat sich in den USA die »Lachtherapie« etabliert. Was im europäischen Raum noch auf die genannten Clowns beschränkt ist, wird dort in verschiedenen medizinischen Bereichen gezielt in Sitzungen angewandt. Aber Lachen kurbelt eben, wie gesagt, biochemische Vorgänge an und das hat nichts mit spirituellen Vorgängen zu tun. Auch dem Küssen werden die gleichen heilenden Eigenschaften zugeschrieben. Und es ist gleichzusetzen mit den positiven Effekten von Sport.

Beim Sport geht es darum, dem Körper zu helfen, die richtigen, die guten Hormone und Zellen zu entwickeln. Es geht darum, den Kreislauf anzuregen und sich mit ausreichend Sauerstoff zu versorgen.

Und hier hilft es nicht, sich die Gesundheit zu wünschen und Krankheiten zu verleugnen. Sie müssen raus in die Natur und sich bewegen. Wenn Sie ein paar Kilo zu viel haben, hilft es nichts, sich zu wünschen: Ich will abnehmen. Und dann essen Sie weiter wie vorher und kommen nicht vom Sofa hoch.

Sie müssen sich manchmal selbst überlisten, um den inneren Schweinehund zu überwinden. Denn auch und ganz besonders in Sachen Bewegung fühlt sich unser Unterbewusstsein wohl in den alten Gewohnheiten. Und wenn diese sind: lieber zu Hause zu bleiben, in den eigenen vier Wänden, als Ihr Leben mit Sport zu bereichern, dann bedarf es einiger Tricks und Ausdauer, um diese Gewohnheiten zu ändern. Heute einmal auf die Sachertorte verzichten und stattdessen eine Runde im Wald spazieren gehen? Oh weh! Alte Gewohnheiten zu verlassen, mag das Unterbewusstsein gar nicht. Also müssen Sie es zwingen. Verabreden Sie sich mit Freunden zum Sport. Einen kleinen Dauerlauf den Bach entlang. Eine Walking-Runde im Bezirk. Ist der Termin erst einmal fixiert, klappt der Vorsatz auch meistens. Machen Sie es regelmäßig, damit Sie Ihrem Unterbewusstsein die Angst, die Unsicherheit nehmen und genau diese Aktivität zur Normalität, zur Gewohnheit wird.

Dann haben Sie einen großen Schritt getan. Denn dann sagen Sie irgendwann zu sich selbst: Jetzt kann ich doch keine Sachertorte essen! Um diese Zeit gehe ich immer zehn Kilometer laufen.

Den Körper können Sie durch Imagination dazu bringen, aktiv zu werden. So wie Ihnen beim Gedanken an Ihr Lieblingsessen das Wasser im Mund zusammenläuft, können Sie sich mit der Vorstellung, wie Ihre Beine flink über den Weg sausen, so richtig Gusto auf Bewegung machen. Stellen Sie sich vor, Sie riechen die gute Luft der Bäume, Ihr Kreislauf kommt richtig auf Touren und Sie fühlen sich rundum wohl. Freuen Sie sich darauf und denken Sie daran, welch tolle Wirkung eine Runde zu Fuß, auf dem Fahrrad oder mit den Inline-Skates hat. Nach einiger Erfahrung wird Ihnen dabei der Umstand helfen, dass Sie durch all das Serotonin und Dopamin das Glücksgefühl auch spüren. Von der körperlichen Gesundheit gar nicht zu reden.

→ Machen Sie sich selbst Lust auf Sport

Ob Sie gerne Sport betreiben oder nicht, hängt davon ab, welche Einstellung Sie zu dem Thema einnehmen. Sie bekommen Herzrasen, wenn Sie nur daran denken, Ihren ohnehin müden Körper über den Asphalt zu jagen? Beschränken Sie sich doch auf die positiven Aspekte, die der Sport bietet. Diesmal dürfen Sie verdrängen. Verdrängen Sie die Bilder im Kopf, die Sie davon abhalten könnten.

Denn nur die Vorstellung ist ausschlaggebend, wie Sie handeln. Und es passiert nicht selten, dass sich Menschen auf eine Vorstellung fixieren, obwohl sie noch nie in der Situation waren, und diese dennoch ablehnen. Obwohl sie es noch nie ausprobiert haben und daher gar nicht wissen können, ob es ihnen gefällt oder nicht. Im Regen laufen etwa.

Haben Sie das Bild vor Augen? Spurten Sie in Ihrem Geist gerade über aufgeweichten Erdboden und tropft Regenwasser auf Ihre Nasenspitze? Was halten Sie davon? Meinen Sie, das muss nicht sein? Ich kann Ihnen sagen, es ist wunderbar. Sicher, wenn es in der Mitte der Strecke anfängt zu regnen, denkt man: Oh nein, das hat mir noch gefehlt! Jetzt werde ich total nass! Doch wenn man im Regen weiterläuft, ist es ein tolles Gefühl. Man lernt die Natur zu akzeptieren und mit ihr eins zu werden. Man fühlt sich stark, weil man den Widrigkeiten trotzt. Die Luft ist rein und klar, man kann noch tiefer durchatmen und nimmt das Leben, wie es ist. Und die warme Badewanne danach ist ein noch größerer Genuss.

Das ist meine Betrachtungsweise dieses Erlebnisses. Menschen haben natürlich unterschiedliche Betrachtungsweisen für dieselben Dinge. Das ist ok. Doch um Ihren Horizont zu erweitern versuchen Sie, die Medaille von der anderen Seite zu betrachten. Etwas, das Sie vielleicht schon oft auf dieselbe Art gemacht haben, einmal anders probieren. Oder etwas probieren, das Sie bisher noch gar nicht gemacht haben. Nicht nur, weil es äußerst spannend ist. Sie lernen dabei auch, sich in neue Sichtweisen und in Sichtweisen anderer hineinzufinden. Sie lernen zu verstehen, dass der Nachbar nicht merkwürdig ist, weil er dies oder jenes tut. Sie lernen zu akzeptieren, dass andere Menschen andere Gewohnheiten haben und die nicht besser oder schlechter sind als Ihre eigenen.

Zurück zum gesunden Körper. Wichtig ist auch beim Sport Regelmäßigkeit. Denn die Muskeln wollen sich an Bewegungsabläufe gewöhnen. Sie brauchen aber auch einige Zeit, um die nötige Kraft zu erlangen. Daher ist es wichtig, neue Sportarten nicht zu übertreiben. Langsam beginnen und dann aufbauen.

Geben Sie nicht gleich auf! Sagen Sie nicht sofort, das liegt mir nicht! Bevor Sie nicht einige Monate lang regelmäßig die Übungen, die Sie sich vorgenommen haben, durchgeführt haben, können Sie nicht darüber urteilen. Und das ist auch das Geheimnis, wie der Sport dauerhaft im Leben verankert werden kann: Wenn du etwas nicht gern machst, mach es zur Gewohnheit.

→ Wenn du etwas nicht gern machst, mach es zur Gewohnheit

Denn unser Gehirn hat ja die Eigenschaft, Abläufe zur Gewohnheit zu machen, weil es ihm dann leichter fällt, sie auszuführen. Wird also der Sport erst einmal zur Gewohnheit, verliert er seine unangenehmen Seiten und dann muss auch der innere Schweinehund irgendwann klein beigeben.

Daher ist es günstig, einen Rhythmus im Sport zu haben. Möglichst fixe Zeiten – in der Früh nach dem Aufstehen, immer vor dem Mittagessen oder vielleicht jedes Mal, wenn Sie sich über etwas ärgern mussten. So müssen Sie nicht überlegen, wann sich der Mountainbike-Trail im Wald denn wieder ausgeht, sondern er wird fixer Bestandteil in Ihrem Terminkalender.

Wenn Sie dann einmal in der Früh aufstehen und das Wetter draußen ist neblig, trüb, grau und ihre Muskeln fühlen sich auch noch so schlapp an, dann geben Sie in diesem Moment Ihrer Bequemlichkeit nicht nach. Natürlich sollen sie sich nicht drillen bis zum Umfallen. Aber gerade in so einem Moment ist es wichtig, sich an der Nase zu nehmen und Ihrem Willen zu sagen: »Ich bin hier der Chef! So leicht kannst du mich nicht überrumpeln!« Und denken Sie daran: Wenn Sie jetzt nicht dranbleiben, zählen Sie im Sommer mehr Schwimmreifen an Ihrem Körper, als an der oberen Adria im Wasser treiben. Diese Überzeichnung, dieses »Katastrophenszenario« hilft Ihnen gerade in dieser schwachen Stunde sich aufzuraffen.

Wenn Sie an solch einem Morgen Ihren Trainingsplan durchziehen, werden Sie fünffach stolz auf sich sein. Das ist ein ganz eindeutiges und klares Signal an Ihr Unterbewusstsein, dass es Ihnen ernst ist mit Ihrem Vorhaben, Ihren Körper auf Vordermann zu bringen.

Und dass Sie sich nicht drillen sollen bis zur Selbstaufgabe, zeige ich Ihnen damit: Sie dürfen auch einmal Ihren Trainingsplan, den Rhythmus, den Sie sich angewöhnt haben, unterbrechen. Aber nehmen Sie sich das selbst und zeitgerecht vor! Zwei Tage vor einer Trainingseinheit. Gönnen Sie es sich! Nehmen Sie sich vor, statt in den Wald für einen Cross-Lauf ins Einkaufszentrum auf eine Shoppingtour zu gehen. (Vielleicht vermissen Sie ja dann mittlerweile den Wald sogar.) An diesem selbst gewählten Tag. Weil Sie es wollen. Behalten Sie die Kontrolle über sich! Dann haben Sie es geschafft. Denn so haben Sie nicht das Gefühl, ein einseitig interessierter Sportfreak zu sein.

Und dann überwinden Sie auch die Gefahr, die in einem kleinen Disziplin-Seitensprung steckt: Unser Gehirn ist gewillt, uns Leid zu ersparen und Vergnügen anzustreben. Und gerade für einen Anfänger bedeutet Sport meist Leiden. Daher fällt uns der Weg zum Sofa leichter als der regelmäßige Gang ins Fitnessstudio. (Außer, wir haben uns dahingehend schon konditioniert.) Ein ungeplanter »Umfaller« zeigt dem Gehirn, wie es dieses Leiden umgehen kann. Und es wird es wieder und wieder probieren. Zusätzlich redet sich der Mensch, wenn er schon einmal seinem Plan untreu wurde, ganz gerne ein: Jetzt ist es auch schon egal. Ist der Wille einmal gebrochen, redet man sich seine Welt schön und damit auch das Brechen von Vorsätzen. Schon macht sich Erleichterung in einem breit, Ausreden gefunden zu haben dafür, dass man nicht mehr alle zwei Tage eine Stunde lang schwitzen muss.

Die Psychologie dahinter: **Kognitive Dissonanz.** Durch die Entscheidung zwischen Sofa und Sport entsteht in uns eine »kognitive Dissonanz«. Der Psychologe Leon Festinger hat den Begriff in den 1950er-Jahren geprägt. Zwei Gedanken, Überzeugungen oder Einstellungen stehen sich gegenüber. Zum einen: Ich ruhe mich am Sofa aus. Zum anderen: Ich betreibe Sport um gesund zu bleiben. Diese beiden Gedanken können nicht zur gleichen Zeit gleichberechtigt bleiben. Denn Sie können nicht gleichzeitig am Sofa liegen und Sport betreiben (Skirennen oder Fußballspiel im Fernsehen ansehen, gilt in diesem Fall nicht ...). Daher muss eines der beiden Vorhaben an Wichtigkeit gewinnen. Und dabei versuchen wir uns selbst zu überzeugen. Wir entscheiden uns für eine der Varianten und reden sie uns schön, da wir sonst ein schlechtes Gewissen haben. Vor allem, wenn wir uns fürs Sofa entscheiden. Dann sagen wir uns: Ich brauche schließlich auch einmal eine Auszeit und eine Pause wird mir gut tun. Oder wir machen die zweite Sache schlecht: Zu viel Sport ist nicht gesund. Oder wir überlegen für die momentane Situation Alternativen: Gut, ich lege mich jetzt hin, dafür mache ich in den nächsten Tagen das doppelte Pensum. (Doch die Dissonanz wird in den darauffolgenden Tagen auch wieder da sein.) Oder wir reduzieren die Wichtigkeit einer Tätigkeit: Ob ich jetzt diese eine Stunde Sport mache oder nicht, ist ja nicht ausschlaggebend für meinen Plan, abzunehmen.

Wir können uns aber diese Ausreden, die das Gehirn uns anbietet, auch bewusst machen und den Spieß umdrehen. Erhöhen Sie die Wichtigkeit des Sports, machen Sie das Liegen auf dem Sofa schlecht und bieten Sie sich Alternativen für die Ruhe zu anderer Zeit. Diese kognitive Dissonanz gibt es natürlich in vielen Bereichen im Leben: Wenn Sie eigentlich lernen sollten, wird bügeln plötzlich zu einer total wichtigen Angelegenheit. Wenn Sie eine Wahl getroffen haben, finden Sie viele Argumente, warum Ihre Entscheidung die richtige war.

Ein Tipp noch zur Gesundheit beim Sport: Sie kommt von selbst, wenn sie beständig bleiben. Sie müssen nicht auf jedes Zwicken achten, das auftritt. Der Körper versucht auch dadurch Ausreden zu finden, um gemütlich im Schaukelstuhl sitzen zu dürfen. Aber Sport in vernünftigem Maß hilft Ihrem Körper mehr, als er ihm schaden kann. Und nicht nur dem Körper: Durch Bewegung werden Sie auch klüger. Sie regt die Blut- und Sauerstoffversorgung an. In einer Auswertung zahlreicher Studien durch Amika Singh und ihre Kollegen von der Vrije Universiteit in Amsterdam heißt es: »Wir fanden überzeugende Beweise für einen signifikanten positiven Zusammenhang zwischen körperlicher Aktivität und akademischer Leistung.«

Letztendlich kann man sagen: Sind Sie zufrieden mit Ihrem Körper, mit Ihren Gesundheitswerten und Ihrer Dynamik, die Sie durch Sport erlangen, werden Sie auch insgesamt glücklicher sein und selbstbewusster durchs Leben gehen.

Man glaubt gar nicht, was alles dem Körper gut tut. Es häufen sich die Beweise, dass es sogar gerade die Aktivitäten sind, die Spaß machen. Also, eben nicht sich ins Bett legen und vor der Außenwelt verschließen. Nein, es sind die Unterhaltungen, bei denen wir spüren, wie unsere Lebensgeister erwachen. Wir haben bisher also schon Lachen, Küssen und Sport im Programm. Zusätzlich haben auch beim Singen und der Musik im allgemeinen Forscher eindeutig positive Effekte auf den Körper nachgewiesen. Wie die Stärkung des Immunsystems. Das haben Wissenschaftler an der Goethe-Universität in Frankfurt am Main bestätigt. Sie nahmen bei Sängern eines Laienchors vor und nach der Gesangsprobe

Speichelproben und stellten fest: Nach der Probe waren viel mehr Antikörper Immunglobulin A vorhanden. Mit dem Glückshormon Dopamin werden wir über Musik natürlich auch versorgt, und weil auch schmerzlindernde Endorphine allein beim Musikhören ausgeschüttet werden, konnten Forscher an der schwedischen Universität Örebro während und direkt nach einer Operation bei den betreffenden Patienten sogar die Dosis der Schmerzmittel senken. Für die Stimmung ist es förderlich, fröhliche Musik zu hören, und wenn Sie Ihren ganzen Körper fordern und damit fördern wollen, singen Sie. Scheuen Sie sich nicht. Das geht alleine oder zusammen mit anderen. Je nachdem, was Sie sich selbst zutrauen. Es geht nicht darum, sich zu präsentieren, sondern darum, glücklich und gesund zu bleiben.

3. Was will ich?

Mit Überzeugung an Ihr Ziel

Etwas zu wollen, ist ein entscheidender Faktor im Leben. Sicher, Sie können sagen: »Ich bin wunschlos glücklich, ich hab alles, was ich brauche!« Das ist ein gutes Gefühl. Doch auch dann wollen Sie etwas. Sie wollen diesen Zustand und damit dieses tolle Gefühl erhalten. Daher werden Sie etwas dafür tun. Sie werden vermeiden, in Schulden zu schlittern. Sie werden eine gute, aufrechte Beziehung zu Ihrem Partner und Ihren Kindern verfolgen. Sie werden Ihren Job weiterhin gewissenhaft erledigen. Sie wissen, was Sie wollen. Wunschlos glücklich zu sein, ist kein untätiger, passiver Zustand. Er will erreicht und beibehalten werden.

Also, wie man es dreht und wendet: Der Mensch will. Sie wollen. Immer. Es ist gut, das zu wissen, denn die Bedürfnisse, die aus Ihrem Wollen entstehen, können Sie auch Ziele nennen. Dann werden Sie sich nämlich klar, für welches Ziel Sie welche Schritte setzen müssen. Und Sie werden sich außerdem klar, warum Sie bestimmte Ereignisse nerven oder gar aus der Bahn werfen und andere nicht. Denn Sie reagieren sofort – möglicherweise mit Wut – darauf, wenn Ihr Bedürfnis bedroht wird. Wenn Sie aber Ihr Bedürfnis genau kennen, können Sie diese Wut einordnen. Dann fühlt sie sich nicht mehr so schlimm an.

Dazu ein Beispiel: Sie organisieren ein Fest. Für die Familie oder für Freunde. Sie machen das aus dem Bedürfnis nach Geselligkeit, nach Kontakt zu anderen. Sie wollen Menschen um sich haben, mit denen Sie reden und lachen können. Doch von den zwölf Geladenen kommen nur fünf. Sie sind verärgert. Denken, diejenigen, die absagten, würden Sie nicht mögen. »Deren Gründe für die Absage sind doch nur Ausreden. Die lade ich nie mehr ein!« Sie meinen, auf Ihre Freunde wütend zu sein, weil die ja nichts von Ihnen wissen wollen.

Doch die Realität sieht meist anders aus. Ihre Freunde wären gerne gekommen, doch der Termin war einfach für sie nicht passend. Kann passieren. Wenn Sie sich bewusst werden, was Sie eigentlich wollten, nämlich Ihr Bedürfnis nach Geselligkeit befriedigen, und Sie deshalb enttäuscht sind, fällt die Wut auf Ihre Freunde von Ihnen ab. Sie merken, dass sie nicht der Auslöser für Ihre Wut sind. Sondern Ihr eigener Wunsch, gerne einen tollen, lustigen Abend zu verbringen. Daher: Lösen unvorhergesehene Erlebnisse negative Gefühle in Ihnen aus, ignorieren Sie sie nicht. Befassen Sie sich damit. Aber kanalisieren Sie sie richtig. Erkennen Sie den wahren Auslöser für Ihre Gefühle.

→ Erkennen Sie die wahren Auslöser für Ihre Gefühle

Solche Erlebnisse passieren nun einmal. Das Leben ist kein Ponyhof, heißt es so schön. Aber wenn wir ein gutes Lebens anstreben, dürfen wir die negativen Gefühle, die auftauchen, nicht wegschieben. Denn sie landen im Unterbewusstsein. Und von dort wirken sie dann immer wieder auf uns ein. Unvorhergesehen. Plötzlich. Und wir wissen nicht mehr, warum.

Daher »wollen« Sie bewusst. Sie haben keinen Grund, bescheiden zu sein. Sie nehmen sich nicht zu wichtig, wenn Sie entscheiden: Das will ich, das ist mein Ziel! Sie nehmen sich nur so wichtig, wie es notwendig ist!

Der Humanist Erich Fromm sagt: »Wenn das Leben keine

Vision hat, nach der man strebt, nach der man sich sehnt, die man verwirklichen möchte, dann gibt es auch kein Motiv, sich anzustrengen.« Wenn man sich nicht ein bisschen anstrengen muss, wofür lebt man dann eigentlich? Wir sind ja nicht hier, um unsere Zeit tatenlos abzusitzen.

Was ist Ihr Ziel?

Es gibt nur eine Möglichkeit im Leben, das zu erreichen, was man wirklich will: Genau das zum Ziel zu machen. Nur über ein klares und definiertes Ziel setzen Sie die richtigen Schritte, die genau dorthin führen.

Die Vorteile, wenn Sie sich ein Ziel gesetzt haben, spüren Sie sofort. Sie fokussieren Ihre Gedanken darauf. Sie haben sehr bald Ideen, wie Sie diesem Ziel näher kommen können. Und wesentlich: Sie lassen sich nicht mehr so leicht beirren. Beim Zielesetzen denken die meisten erst einmal an das Thema Beruf. Das ist ein Lebensbereich, wo wir gewohnt sind, uns Ziele zu setzen. Und in dem Zusammenhang werden Sie auch sagen: Ja, ja, klar, das ist nichts Neues! Und doch werden Sie überrascht sein, wie viele auf die Frage: »Was willst du eigentlich werden oder noch erreichen?« antworten: »Keine Ahnung!«

Junge Leute, die sich noch gar keine richtigen Gedanken gemacht haben, wie ihr berufliches Leben aussehen soll, obwohl sie sich schon für ein Studium entschieden haben. Und auch die, die bereits einen Beruf haben. Die tagein, tagaus arbeiten. Irgendetwas, ohne Ziel. Einfach, weil es das System so vorschreibt und weil man halt das Geld braucht. Mit dem einzigen Leben, das ich habe, gehe ich doch anders um.

Ich möchte aber auch einen Vorgriff auf das Kapitel »Ich mit dir«, in dem es um Beziehungen geht, machen. Ich muss wissen, was ich will, auch wenn es um den künftigen Partner geht. Das ist der Part, der unser Leben am meisten bestimmt und beherrscht. Dabei geht es nicht um Kinkerlitzchen, es geht um Grundhaltungen: Karrieremensch versus Trautes-Heim-Mensch. Wenn sie in ihrer Arbeit aufgeht, gerne viel Zeit alleine verbringt und sie zu viel Nähe unsicher macht, er hingegen viel Nähe braucht und so oft es geht und eigentlich die ganze Zeit bei ihr sein will, dann wird es immer Spannungen geben. Einer von beiden, nein, beide fühlen sich latent unwohl.

Das ist die vordergründige Sicht. Wenn man in seiner Lebensweise steckt und sie nicht ändern will. Allerdings gibt es noch eine zweite Sichtweise, die Ihr Leben komplett auf den Kopf stellt. Wir müssen nämlich nicht in unserer Lebensweise stecken bleiben. Ich muss nicht darauf beharren, wie ich bisher lebte. Ihr Partner arbeitet nicht deshalb so viel, um Sie möglichst nicht sehen zu müssen. Die Arbeit gibt ihm Bestätigung und er hat das Ziel, es weit zu bringen. Er fühlt sich dadurch wertvoll und glaubt, dass sein Ansehen auch bei Ihnen steigt.

Wenn Sie auf diesen Menschen also auf keinen Fall verzichten wollen, sie beide in dieser Sache aber unterschiedlich gestrickt sind, überlegen Sie, warum Sie so auf Ihrer Lebensweise beharren. Klar, Sie wünschen sich mehr schöne Stunden zu zweit. Und – ich wiederhole mich – wenn Sie darauf absolut nicht verzichten können, ist es besser, einen Schlussstrich zu ziehen. Es ist Ihre Entscheidung. Aber wenn Sie einen Funken Hoffnung sehen, mit der Situation zurechtzukommen, sich finden zu können, die Vorteile darin sehen – nämlich mit Ihrem Traumpartner, in den Sie sich ja nicht ohne Grund verliebt haben und mit dem die gemeinsamen Stunden das Größte für Sie sind, zusammen sein zu können und neben der Partnerschaft noch Zeit für Ihre Freunde zu haben oder Sie Zeit haben, sich kreativ zu betätigen.

Wenn Sie also in einer liebevollen Beziehung leben und dennoch die Qualität Ihrer eigenen Interessen voll ausschöpfen können, dann haben Sie gewonnen. Denn dann werden Sie Ihr eigenes Leben leben – und so soll es ja ohnehin in jeder Beziehung sein –, ohne Ihre Gefühlswelt vernachlässigen zu müssen. Und das kann dieser Beziehung nur gut tun. Vorwürfe an den Partner wegen seiner Lebensweise bedeuten, den Partner nicht anzuerkennen, wie er ist. Das kann nur in Unsicherheit enden und im Schwinden der großen Gefühle, die es einmal gab.

Und wenn Sie der Teil in der Partnerschaft sind, der in der Arbeit aufgeht: Vergessen Sie dennoch nicht den Rückzugsort, der Ihnen emotionalen Halt gibt. Vergessen Sie nicht, dass zu Hause jemand Ihre Nähe will. Wenn Ihnen dieser Mensch etwas wert ist, gehen Sie einen Schritt auf ihn zu. Trotz all Ihrer Ziele und Ihres Ehrgeizes, ganz nach oben zu kommen. Denn oben kann es ohne den richtigen Menschen an Ihrer Seite ganz schön einsam sein.

Dennoch: Wenn man auch in der Partnerschaft weiß, was man will, welcher Typ einem gut tut, kann man viel Leid vermeiden. Vielleicht sagen Sie jetzt: Das weiß man aber eben oft erst nach einiger Zeit. Aber: Welcher Typ der oder die andere ist, erkennt man sofort. Es sind gegenseitige Blicke, Umarmungen und verbale Zärtlichkeiten, die Hinweise darauf geben. Zu viel, zu wenig, man spürt, dass der andere in dieser Beziehung anders tickt.

Ziele und Vorhaben werden natürlich regelmäßig torpediert. Von den Meinungen anderer, aber hauptsächlich von den eigenen Zweifeln. Vor allem, wenn die Ziele nicht klar definiert sind: Ich will einen Partner, aber wie er sein soll, ist oft erstmal Nebensache. Schließlich haben Sie jetzt endlich jemanden gefunden, der zwar nicht ganz in das Bild passt, aber immerhin Interesse zeigt. Und den sollen Sie jetzt aufgeben? Echt schwer, ich weiß. Doch genau dieses: Was will ich wirklich, wie soll er sein, soll eben nicht Nebensache sondern Hauptsache sein. Denn grundlegende Unterschiede können anfangs in der ersten Euphorie ganz gut ausgeblendet werden. Sie wirken aber nach einiger Zeit umso stärker.

Und im Beruf? Es liegt auf der Hand, dass Ziele hier dazu führen sollen, die Arbeit zu machen, die man in sein Leben integrieren kann. Die einem so viel Spaß macht, dass man nicht denkt: Oh, mein Gott, jetzt sind es immer noch 7920 Arbeitstage bis zur Pension.

Ich habe zu Beginn meiner Journalisten-Laufbahn eine Zeit lang für eine private Produktionsfirma gearbeitet. Ich machte Imagevideos für Firmen, Eventberichte, Moderationen und andere Auftragsarbeiten. Die Aufträge kamen nur spärlich herein. Ich dachte daran, wieder, wie in meiner Studienzeit, kellnern zu gehen. Um Geld zu verdienen. Eine Arbeitsstelle als Kellner zu finden, war einfach. War also das das Schicksal, das mich erwartete? An meinem ersten Arbeitstag in einem prominenten Lokal im Wiener Prater bekam ich einen Anruf der Produktionsfirma. Es ging nur um einen Job für drei Tage, das Geschirrtuch des Kellners warf ich dennoch sofort wieder hin. Denn ich wusste, was ich wirklich wollte. Seitdem habe ich viele Sendungen moderiert, Hunderte Interviews geführt und unzählige Fernsehbeiträge gestaltet.

Zweifel lassen Ihr Ziel immer wieder unscharf werden. Sie wollen Sie verführen, den vermeintlich leichteren Weg zu gehen. Tun Sie es nicht! Bleiben Sie von Ihrem Ziel überzeugt und steuern Sie geduldig und beharrlich darauf zu.

→ Steuern Sie geduldig, aber beharrlich auf Ihr Ziel zu

Wenn Sie ein Ziel erreicht haben, setzen Sie sich ein neues. Egal ob beruflich oder privat. Ideal ist es wohl, wenn sich berufliche und private Ziele abwechseln oder auch überschneiden. Einseitige Fokussierung auf einen Bereich ist zu unausgewogen, um dauerhaft glücklich zu machen.

Und so erleben Sie auch immer Neues. Sie gehen Ihren Weg und handeln. Nur solange ein Bedürfnis unbefriedigt ist, beeinflusst es auch das Handeln. Wenn Lust auf eigenes Obst da ist, pflanzen Sie Erdbeeren und ernten mit Stolz die saftigen roten Früchte. Wenn Sie genug davon haben, werden Sie unter Umständen die Pflanze nicht mehr pflegen. Mit zunehmender Befriedigung eines Bedürfnisses nimmt dessen motivierende Kraft ab. Wenn Sie also den Job, den Sie immer schon wollten, bereits haben, werden Sie zwar Ihre Arbeit tun, aber der Stellenwert wird mit der Zeit kleiner. In Ihren Fokus rücken wieder andere Interessen. Zum Glück. Folgen Sie diesen dann auch. Neue Ziele bereichern das Leben. Viele erfolgreiche Künstler oder Sportler fallen in ein Loch, wenn sie »schon alles erreicht haben«. Manche flüchten entweder in Partys und Drogen oder werden idealerweise Unicef-Botschafter.

Die Midlife-Crisis hängt damit zusammen – man hat beruflich, privat, finanziell alles erreicht. Wie geht's nun weiter? Die Ideen mancher Menschen nehmen manchmal Formen an, die man schon als Torschlusspanik bezeichnen kann. Ein neues Ziel setzt auch wieder neue Leidenschaften, schafft neue Horizonte und gibt ein Gefühl der Vollständigkeit und Sinnhaftigkeit.

Sie alleine entscheiden!

Ein guter Rat von Ihrer Freundin, Ihrem Vater, Ihrer Kollegin, wie Sie das Problem, das Sie im Moment so sehr beschäftigt, am besten meistern können, ist wirklich gut gemeint. Aber nicht mehr! Nehmen Sie diese Ratschläge zum Anlass, mit der jeweiligen Person ein nettes Gespräch zu führen. Das tut immer gut. Doch niemand kann sich so hundertprozentig in Ihre Lage und in Sie hineinfühlen, dass dieser Ratschlag auch auf Sie zugeschnitten ist und Ihnen in Ihrer eigenen Situation wirklich hilft.

Die Psychologie dahinter: **Projektion.** Das Problem ist die in der Psychologie bekannte soziale Projektion. So wird die Wahrnehmung bezeichnet, die meisten anderen Menschen würden sich so verhalten oder genauso denken wie man selbst. Eine Großmutter strickt beispielsweise ihrem Enkelkind einen Wollpullover, ganz nach ihrem eigenen Geschmack. Ihr selbst gefällt er, daher geht sie davon aus, dass dieser dem Enkelkind bestimmt genauso gefallen wird. Projektion führt aber auch so weit, dass Menschen nicht akzeptieren wollen, wenn jemand ein anderes Leben führt als sie selbst. Der Vater fühlt sich persönlich angegriffen, wenn der Sohn nicht wie er Finanzbeamter, sondern Surflehrer werden will. Die Mutter versteht einfach nicht, wie die Tochter anstatt hübscher Schuhe lieber knallbunte Gummistiefel anziehen kann – obwohl es gar nicht regnet.

Es ist oft schwer, das Tun eines anderen zu verstehen. Oder ihn zumindest ohne Wenn und Aber seine Entscheidungen treffen zu lassen. Man will ihm ja nur helfen. Will ihm die Augen öffnen. Dieser Drang ist oft groß. Aber anstatt zu helfen dirigieren Sie diese Person ungewollt. Sie sagen ihr, wie sie handeln soll, um sich selbst besser zu fühlen. Das Gefühl zu haben, der Person einen folgenschweren Irrweg erspart zu haben. Die meisten Menschen können sich nicht vorstellen, dass auch andere Wege als der eigene zu einem glücklichen Leben führen.

Aber was kommt dabei heraus? Der unter Druck Gesetzte verstärkt sein Handeln und denkt: Jetzt erst recht! Sie nehmen diesem Menschen dadurch die Zeit, das Für und Wider seines Plans in Ruhe abzuwägen.

Oder er fügt sich und trägt das beklemmende Gefühl in sich, fremdgesteuert zu sein, nicht sein eigenes Leben leben zu können. Irgendetwas fehlt, irgendetwas hat man vielleicht verpasst – und dieser Mangel, dieses Sehnen nach den Erfahrungen, die man vielleicht nie machen wird, verschwindet einfach nicht. Die Folge ist Resignation bis hin zur Depression. Sinnleere. Und der Wunsch, sich von dem, der einem das eingebrockt hat, zu lösen.

→ Entscheiden Sie selbst über sich, über Ihre Zukunft, über Ihr Leben und lassen Sie andere dasselbe tun

Was passiert, wenn Sie es endlich schaffen, sich von den Vorstellungen Ihres Umfeldes zu befreien? Sie sind aus dem Spiel. Im positiven Sinn. Sie können selbstbewusst auftreten, denn Sie haben selbst die Verantwortung für sich übernommen. Jetzt liegt der Ball bei denen, die Ihnen gerne sagen würden, was richtig ist. Es liegt an ihnen, umzudenken. Sie so zu akzeptieren, wie Sie sind. Und mit Neugier den interessanten und vielfältigen Menschen in Ihnen zu entdecken. Andernfalls riskieren diese Personen, dass Sie selbst von Woche zu Woche, von Streitgespräch zu Streitgespräch immer weniger Lust haben, mit diesen Menschen Zeit zu verbringen. Dabei waren sie Ihnen einst so nah. Doch sie treten aus Ihrem Kreis heraus, weil sie nicht Sie, sondern einen anderen Menschen wollen. Das ist kein Aufruf dazu. Doch wer will schon das, worauf man stolz ist, andauernd im trüben Licht von Worst-Case-Szenarien beleuchten lassen. Wer will sich denn ständig ein schlechtes Gewissen machen lassen, weil er nicht so lebt, wie es die anderen gerne hätten. Sie werden sich lieber mit

Menschen umgeben, die sagen: Es ist gut, dass du bist, wie du bist. Geben Sie Ihrem Umfeld Zeit, sich auf den neuen Menschen, der Sie jetzt sind, einzustellen. Auf den Menschen, der seine eigenen Entscheidungen trifft. Aber nicht ewig.

Es ist richtig, sich mit Menschen, die man mag, denen man vertraut, auszutauschen. Das ist sogar dringend notwendig. Sie brauchen daher diesen Gesprächen nicht aus dem Weg zu gehen. Aber Sie müssen sich Ihr Leben nicht vorschreiben lassen.

Und für die andere Seite: Es ist gut, kritisch zu sein und nachzufragen, Vorhaben durchzusprechen. Aber es ist wichtig, dieser Person zu zeigen, dass Sie sie lieben und am Ende ihre Entscheidungen respektieren. Auch wenn sie sich einmal in die Nesseln setzt. Dann sind Sie erst recht für sie da. Und sind nicht beleidigt, weil sie nicht auf Sie gehört hat.

Was für die mit den guten Ratschlägen nicht einfach ist! Das muss man schon sagen. Nicht, weil sie so stur und unnachgiebig sind. Nicht, weil gerade sie charakterlich dazu neigen, sich ständig Gedanken über die Menschen um sich herum zu machen, sie zu bewerten, über sie zu urteilen. Nicht, weil sie so sensible Seelen sind und es ihnen deshalb schlecht geht, wenn jemand, der ihnen nahesteht, anders handelt, als sie es für richtig halten. Das Dilemma ist ein psychologisches: Viele Menschen, eigentlich trifft es im Kern auf so gut wie alle zu, können kaum anders als zu versuchen, Einfluss zu nehmen. Denn andernfalls haben Sie das Gefühl, die Kontrolle zu verlieren.

Und dieser Umstand, das eigene Leben (und auch das der anderen) nicht in der Hand zu haben, nicht von sich aus lenken zu können, das Gefühl, dass uns etwas oder jemand entgleitet, ist einer der Hauptgründe dafür, dass es uns schlecht geht. Dann sind wir so richtig unrund. Wir sind nur dann zufrieden, wenn wir wissen, was wann warum passiert und wie wir es gegebenenfalls ändern können.

Die Psychologie dahinter: **Kontrollüberzeugung.** Psychologen haben etwas Entscheidendes herausgefunden: Wie zufrieden man ist, hängt von der Kontrollüberzeugung ab. Das heißt, wenn Sie glauben, nein, wissen, Ihr Leben unter Kontrolle zu haben. Wenn Sie sich sicher sind, dass Sie die Fäden in der Hand haben.

Doch diese vollständige Kontrolle über das eigene Leben bekommt immer wieder Schrammen. Sie sind unsicher, ob das Einsparungsprogramm des Unternehmens nicht auch Ihren Arbeitsplatz bedroht. Oder Sie haben das Gefühl, Ihr Partner entgleitet Ihnen. Sie wissen aber nicht, was Sie dagegen tun können. Oder Ihre Tochter entscheidet sich, mit einem Musiker nach Indien zu ziehen und dort leben zu wollen. Oder auch nur, dass Sie mitten unter der Woche einen Termin am anderen Ende der Stadt haben und nicht wissen, was Sie erwartet. Situationen, die Unsicherheit vermitteln und im Extremfall Angst machen. Die Unsicherheit, wie man damit umgehen soll, und die Angst, dass in naher Zukunft das Leben nicht mehr so sein wird, wie es im Moment ist.

Der Kontrollverlust tritt je nach Typ Mensch erst bei wirklich lebensverändernden Dingen ein oder auch schon bei Kleinigkeiten. Für den Außenstehenden Peanuts, für den, dem es wichtig ist, Aufgaben, die – bleiben sie unerfüllt – das Leben durcheinanderbringen. Nehmen wir als Beispiel einen Mann, der seinen Garten liebt und daher penibel pflegt. Ein schöner kurzer Rasen ohne Unkraut macht ihn stolz und ist sein Rückzugsort. Er genießt die Ordnung der kurzen Halme und die Berührungen auf der Fußsohle, wenn er barfuß drübergeht. Es stellt in ihm eine innere Ruhe her, seinen Rasen auf diese Art schön zu sehen. Eine andere Art wäre, ihn wild zu lassen. Das Gras steht kreuz und quer, wild gewachsene Blumen erzeugen Farbtupfen auf der grünen Fläche und Bienen machen den Garten lebendig. Doch dieser Rasen wächst beim Nachbarn. Um den geht es jetzt nicht.

Unser Gartenliebhaber jedenfalls hat plötzlich Termine, mit denen er nicht gerechnet hat. Private und berufliche Aufgaben, die ihm jede Zeit für den, aus seiner Sicht längst fälligen Grasschnitt nehmen. Der Rasenmäher bleibt unberührt im Gartenhaus stehen. Für mehrere Tage. Unser Mann denkt an den Löwenzahn, der jetzt unbehelligt sprießen kann – gerade zu der Zeit, wo über die Pusteblumen die Samen im ganzen Garten verteilt werden. Und er denkt an die harten Stängel von Unkrautpflanzen, die das weiche Gras stichig und unfreundlich machen. Und daran, dass ein lange anhaltendes Tief bald viele Tage Regen bringen soll. Dann kann er das Rasenmähen überhaupt vergessen. Doch seine Termine sind nicht aufzuschieben.

Nun, der Hobby-Botaniker weiß ja eigentlich genau, was er will. Doch er kommt einfach nicht dazu, seiner Leidenschaft nachzugehen. Und das bringt die Gefahr, dass er seine Termine, die wohl wichtig sind, mit Missmut erledigt. Er hat daher zwei Möglichkeiten: Gelassenheit und in einer ruhigen Minute zu überlegen, ob er sich mit seinem Wunsch, den perfekten Rasen zu haben, nicht verrannt hat. Wie wichtig er wirklich ist und ob es sich lohnt, deshalb unzufrieden zu sein und sein Leben auf negative Art beeinflussen zu lassen. Oder es muss tatsächlich einer der Termine daran glauben. Die zweite Variante ist leichter zu bewerkstelligen. Denn sie gibt uns eher das Gefühl, wieder die Kontrolle übernommen zu haben.

Aber wir sollten das, was wir wollen und für wichtig halten, auch immer wieder einer Überprüfung unterziehen. Uns fragen, ob wir uns in Wünsche verrennen, die eigentlich keine große Bedeutung haben. Und ob wir uns Eigenheiten und Überzeugungen zugelegt haben, die für uns unumstößlich, aber eigentlich hinderlich geworden sind. Zum Beispiel: Sie hatten Streit mit einem Familienmitglied und nehmen daher an keiner Familienfeier mehr teil. Das beeinträchtigt Ihr Leben mehr, als wenn Sie eine Aussöhnung suchen würden. Oder Sie haben sich angewöhnt, vor dem Weggehen am Abend zwei Stunden im Bad zu verbringen. Probieren Sie aus, ob Sie in der Gesellschaft weniger angenommen werden, wenn Sie es einmal nach einer halben Stunde gut sein lassen und etwas legerer unterwegs sind.

Fragen wir uns, ob wir uns gerade mit Dingen beschäftigen, die uns selbst wirklich mit Leben und Begeisterung füllen. Wenn ja, weiter damit. Begeisterung ist der beste Glücklichmacher. Oder ob wir sie nicht deshalb machen, weil sie gerade in sind oder weil eine Freundin sie gerade cool findet. Lassen Sie sich nicht von anderen sagen, was Sie mit Ihrer Lebenszeit anfangen sollen.

Übrigens muss nicht jeder Kontrollverlust auch das Ende der Tage bedeuten. Und mit unvorhergesehenen Vorfällen umgehen zu lernen, ist eine der wichtigsten Lektionen im Leben.

→ Bewusste Kontrollverluste formen Ihr Leben

Es lohnt sich manchmal sogar, diesen Kontrollverlust bewusst einzuleiten. Wenn Sie irgendwas Größeres in Ihrem Leben ändern wollen zum Beispiel. Dann verlassen Sie Ihr gewohntes Terrain um neues zu betreten. Dann lassen Sie sich auf eine Phase der Unsicherheit ein, um sich gezielt weiterzuentwickeln. Bewusste Kontrollverluste formen Ihr Leben. Bringen Neues hervor. Den Status quo auf Biegen und Brechen zu verteidigen, bedeutet Stillstand.

Doch die Übereignung des weiteren Schicksals an ein Universum ist nicht bewusst. Denn Sie geben die Kontrolle ab, an jemanden, an etwas. An eine Hoffnung. Dazu passt ein Zitat von Neale

Donald Walsch, der eigentlich der spirituellen Denkweise zuzurechnen ist: »Solange Ihr der Vorstellung anhängt, dass da draußen irgendetwas oder irgendein anderer ist, der euch das ›antut‹, beraubt Ihr euch selbst der Macht, etwas dagegen zu tun.«

Gehen Sie Ihren eigenen Weg

Seinen eigenen Weg gehen, erkennen, was einen glücklich macht ... Eine junge Frau klagte mir immer wieder ihr Leid. Sie sei Zahnarztassistentin und würde so gerne studieren und Ärztin der Zahnmedizin werden. Nach meinem Rat, es einfach anzugehen, nahm sie sich auch vor, zumindest die Einstiegsprüfung für das Studium zu versuchen. Schließlich solle man doch seine Wünsche und Ziele verfolgen und sie realisieren. Doch in dem Monat der Anmeldefrist beschloss plötzlich ihr Chef, der Zahnarzt der Ordination, einen Lehrling aufzunehmen. Dieser Einfluss von außen änderte alles. Die Zahnarztassistentin fühlte sich verpflichtet, diese Aufgabe zu übernehmen: das Suchen des Lehrlings, Vorstellungsgespräche und in der Folge die komplette Einschulung. Wie selbstlos, möchte man meinen – sie stellte ihre Wünsche hintenan für etwas, das vergleichsweise unwichtig für ihr eigenes Leben war.

Denn dieser Lehrling kann auch ohne ihre Hilfe diesen Beruf erlernen. Doch sie selbst verzichtete auf die Möglichkeit, sich weiterzuentwickeln, in Zukunft viel mehr Geld zu verdienen und damit luxuriöser leben zu können. Doch war es selbstlos? Warum trifft man so eine zunächst nicht nachvollziehbare Entscheidung? Die Zahnarztassistentin erklärte es damit, dass sie nun einmal immer erst auf die anderen und zuletzt auf sich schaue. Dass es für ihren Charakter selbstverständlich wäre, so zu handeln. Es gibt diese psychologisch erklärbare Eigenschaft – den Altruismus (dazu mehr im Abschnitt »Die Psychologie dahinter«).

Doch eine weitere Vermutung liegt nahe: Das Unterbewusstsein hat sich eingeschaltet und den ersten Grashalm geschnappt, um sich aus dem seiner Meinung nach unrealistischen Wunsch, in den sich die Frau verstrickt hatte, herauszuziehen. Die Assistentin spürte tief in sich, dass sie eine gute Assistentin ist und gar nichts anderes sein will. Lediglich die verlockenden finanziellen Zukunftsaussichten als Zahnärztin hatten dieses Ziel entwickelt. Vielleicht auch verbunden mit der Hoffnung, durch eine höhere, angesehenere Position das Selbstwertgefühl zu steigern. Oder es waren Einflüsse von außen, die suggerierten, sie solle unbedingt Ärztin werden. Der Ehrgeiz des Vaters, die Hoffnungen des Partners, was auch immer. Sie selbst, die Zahnarztassistentin, wusste in ihrem Innersten, dass sie darauf Null Bock hatte. Sie war in Wirklichkeit mit ihrem Leben zufrieden. Nur bewusst gemacht hatte sie es sich nicht.

Was auch immer die Erklärung dafür ist – jeder Einzelne muss ganz allein die Antwort finden. In sich. Dabei kann ihm niemand helfen. Hören Sie in sich hinein und wagen Sie es, die Erkenntnisse auch anzunehmen. Das, was Ihnen aus Ihrem Kopf, aus Ihrem Herzen und, ganz wichtig, aus Ihrem Bauch zugeflüstert wird. Dafür müssen Sie sich Zeit nehmen. Ruhe haben. Bereit sein. Und dann ganz ehrlich sein zu sich, beim Abwägen der verschiedenen Wege, die Sie einschlagen können. Sie stehen Ihnen alle offen. Aber nur bei einem spüren Sie es. Sie spüren, dass er der richtige ist. Und wahrscheinlich wollen Sie es nicht wahrhaben. Denn gerade dieser Weg bedeutet so gravierende Änderungen. Oder ist ganz anders als der, der Ihnen von Ihren Verwandten und Freunden empfohlen wird. Fertig sind Sie mit der Suche nach dem Weg erst, wenn Sie überzeugt sind, den richtigen gewählt zu haben. Wenn jede Faser Ihres Körpers sagt: »Ja, genau so und nicht anders soll es sein!« Dann wissen Sie es bewusst. Doch manchmal, wie im Fall der Zahnarztassistentin, erledigt das auch das Unterbewusstsein für Sie.

Die Psychologie dahinter: **Altruismus** wird als selbstloses und uneigennütziges Handeln, das mit mehr eigenen Nachteilen als Vorteilen verbunden sein kann, bezeichnet. Insofern kann Altruismus als Gegenteil zu egoistischem Verhalten gelten. Für Nietzsche war Altruismus mehr die versteckte, maskierte Form des Egoismus, weil man seiner Meinung nach aus Eigennutz uneigennützig ist. Wenn wir helfen, helfen wir uns selbst. Einerseits, weil wir uns dann besser fühlen. Andererseits, weil es von unseren eigenen Problemen ablenkt.

Eine Studie von Forschern um Daniel Batson, in der Elaine, einer Mitarbeiterin des Sozialpsychologen, vermeintlich Elektroschocks verabreicht wurden, hat gezeigt: Empathie könnte ausschlaggebend dafür sein, dass wir helfen. Denn die Teilnehmer, die Elaine ähnlich waren und dadurch wohl auch mehr Empathie ihr gegenüber empfanden, waren öfter dazu bereit ihr zu helfen, indem sie die Rollen tauschten und damit selbst die Stromstöße auf sich nahmen. Aber auch Psychologen haben die Frage noch nicht gänzlich geklärt: Haben die Versuchspersonen Elaine geholfen, um ihr Leid zu verringern oder um sich selber besser zu fühlen, weil sie so das Leid nicht mehr mitansehen müssen. So wie das Prinzip des Homo oeconomicus annimmt, dass Menschen nur dann soziales Verhalten zeigen, wenn sie dafür eine Gegenleistung erhalten. Diese Gegenleistung kann auch die angenehme Emotion nach einer Hilfeleistung sein oder der Dank, den wir von anderen Personen bekommen. Oder bei religiösen Menschen, dass sie dafür in den Himmel kommen.

Die wertvollen Dinge

Ein bekanntes Experiment der Zeitung *Washington Post* kommt mir in den Sinn, wenn ich darüber nachdenke, was für uns Erdenbewohner eigentlich Wert hat. Wie bewerten wir die Dinge rund um uns? Maßgeblich ging es um das soziale Einordnen der Prioritäten. Wie nehmen Menschen Dinge wahr, für die sie »jetzt erstmal keine Zeit« haben. Welche Schönheiten und wundervollen Dinge in unserem Leben übersehen wir?

Bei diesem Versuch stellte sich an einem Morgen ein Mann in Jeans, einem langärmeligen T-Shirt und einer Baseballkappe in die L'Enfant Plaza Station, einen stark frequentierten Knotenpunkt der Washingtoner Metro. Er öffnete einen kleinen Koffer, holte seine Violine heraus und begann zu spielen. Nichts allzu Populäres – sechs Stücke unter anderem von Johann Sebastian Bach und Franz Schubert. 43 Minuten stand der Mann in der Station und strich seine Geige. Das Experiment wurde mit versteckter Kamera aufgezeichnet und ergab: Gezählte 1097 Männer und Frauen gingen an ihm vorüber. Manche warfen ein paar Dollar oder Cent in seinen Koffer. 32,17 Dollar kamen zusammen, immerhin! Doch kaum jemand blieb länger stehen, um dem jungen Künstler zuzuhören.

Sicherlich hätte es sich an diesem Tag aber doch gelohnt. Denn die Passanten hätten die Möglichkeit gehabt, aus nächster Nähe Joshua Bell zu sehen und zu hören. Einen Violinisten, der weltweit mit den bedeutendsten Orchestern und Dirigenten spielt. Einen Künstler, der drei Tage vor seinem Auftritt in der U-Bahn die Symphony Hall in Boston gefüllt hatte. Die guten Plätze um hundert Dollar pro Person. Einen Weltstar. Die Violine gehörte einst dem österreichischen Komponisten Fritz Kreisler. Eine Stradivari aus dem Jahr 1713 im Wert von 3,5 Millionen Dollar. Was hätten Fans klassischer Musik wohl dafür gegeben, um dabei zu sein, wie Joshua Bell auf magische Art und Weise über die Saiten strich, ihn aus der Nähe zu bewundern?

Das konnte man sieben Jahre später sehen. Im September 2014 wiederholte Joshua Bell seinen Auftritt in einer Metro Station. Diesmal in der Halle der Union Station. Diesmal war es ein angekündigtes Konzert, zu dem die Zuschauer schon zwei Stunden vor Beginn anreisten, um einen guten Platz zu ergattern. Die Haupthalle war voll, die Menschen mussten stehen und drängten sich eng zusammen. Manche waren so weit hinten, dass sie von Bell nicht mehr viel sahen, geschweige denn von seiner Violine. Doch der Musikgenuss und das besondere Ereignis waren es ihnen wert. Diesmal.

An wie vielen Dingen laufen wir vorbei, ohne deren Schönheit zu bemerken? Wir wollen das Besondere und erkennen es nicht einmal dann, wenn wir direkt daran vorbeigehen. Womit ist das Besondere für uns verknüpft? Mit dem Geldbetrag, den wir dafür geben? Hat etwas nur dann Wert, wenn es auch etwas kostet? Ja, meist ist es so. Denn der Aufwand für etwas muss sich lohnen. Daher schmeckt uns der Suppentopf auf der Berghütte nach einem fünfstündigen Aufstieg dreimal so gut und muss das Konzert um 200 Euro pro Karte der Event des Jahres sein. Irgendwie müssen wir den Einsatz schließlich vor uns rechtfertigen. Und auch vor den anderen.

Aber diese menschliche Eigenschaft, etwas nur dann zu einer wertvollen Sache zu machen, wenn sie mit einem solchen Einsatz verbunden ist, können wir uns auch zunutze machen. Sie müssen ab jetzt keine Mühen mehr scheuen, Ihr Ziel zu erreichen. Keine Anstrengung kann zu groß sein. Denn Sie wissen jetzt, dass Anstrengung die Belohnung noch süßer macht. Im Gegenteil, ab jetzt freuen Sie sich auf jede noch so große Hürde auf dem Weg zu Ihrem persönlichen Gipfel. Die Belohnung für Sie wird eine viel größere sein, als wenn Sie Ihr Ziel ohne besonderen Aufwand erreicht hätten.

Anstrengung macht das Erreichte wertvoller

Wertvoll wird etwas aber auch, wenn wir es zusammen mit anderen Menschen erleben. Wenn wir es teilen können. Stellen Sie sich ein Feuerwerk vor. Einmal stehen Sie alleine da und betrachten die Farben und Muster, die es in den Himmel zeichnet. Sehr schön! Sie können sich sicher daran erfreuen. Aber stellen Sie sich dasselbe Feuerwerk mit Ihren drei besten Freunden vor. Es wird ein Erlebnis besonderer Art. Bei jedem noch größeren Lichteffekt werden Sie aufschreien und jubeln. Sie rufen durcheinander: »Oooooh!« und: «Hast du die roten Kugeln gesehen, die golden geworden sind?« Sie werden gar nicht genug bekommen können.

Auch ein Sonnenuntergang, allein betrachtet von der Terrasse aus, mit einem Glas kühlen Getränks dazu, lässt himmlische Gefühle in Ihnen wach werden und von dem beeindruckenden Wasserfall bei einer Wandertour sind Sie begeistert. Doch Sie werden es danach jemandem erzählen wollen. Ihr Erlebnis mit jemandem teilen, schildern, was Sie gesehen haben und wie schön es war, und wünschen, dieser jemand hätte es auch gesehen. Mit Ihnen. Oder Sie fotografieren es und posten das Bild. Wenn andere es gesehen haben, wissen, was Sie erlebt haben, dann wird es wertvoll. In zahlreichen Studien wurde nachgewiesen, dass die Qualität einer Erfahrung in der Gegenwart anderer Menschen zunimmt. Sie nimmt hingegen ab, sobald man alleine ist. Selbst wenn das freiwillig geschieht.

Dieser Effekt erreicht ein noch größeres Ausmaß, wenn Sie zum Beispiel unbedingt eine Fernsehshow sehen müssen, weil sie angeblich von jedem gesehen wird. Weil sie angesagt ist. Sie müssen sie sehen, um mitreden zu können, um dabei zu sein. Ein Ereignis wird zu etwas Besonderem, wenn es Ihnen das Gefühl gibt, dazuzugehören. Oder dieses Ereignis ist so elitär, dass Sie viel

Geld ausgeben, um Zugang dazu zu bekommen. Dann scheint es Sie selbst zu etwas Besonderem zu machen. Der Glanz färbt auf Sie ab.

Das versuchen Marketingexperten zu nutzen, indem sie ihre Veranstaltung als Pflichttermin darstellen. Ein Ereignis, das man gesehen haben muss, um dazuzugehören. Machen Sie das, wenn es Ihnen etwas gibt und Sie sich gut fühlen dabei. Gehen Sie hin, wenn Sie Spaß an Veranstaltungen haben. Kaufen Sie sich schöne Dinge, wenn das Angebotene Sie oder Ihr Umfeld verschönert und Ihnen beim Betrachten ein Lächeln entlockt. Aber übersehen Sie dennoch nicht die schönen Dinge, die leicht zu erreichen sind, die vor Ihrer Nase liegen. Einen Blick dafür zu entwickeln, kann Ihr Leben unendlich bereichern.

Joshua Bell hat übrigens auf seinen »Erfolg« beim ersten unbeachteten Auftritt reagiert, wie man nicht besser reagieren könnte. Er sagte sinngemäß: »Hey, ich habe fast 40 Bucks verdient in einer Stunde! Ich könnte gut davon leben, wenn ich so weitermache. Und ich müsste keinen Agenten mehr bezahlen.«

Pfade zum Glück

Der Motor knattert. Die Vibrationen breiten sich im Körper aus. In Richtung Zehen, die sich dadurch noch fester aufs Gaspedal pressen – und in Richtung Ohren, die sich in einem eigenartigen Rhythmus selbstständig zu machen scheinen. Die Geschwindigkeit ist es, die den Buben in ihrem Bann hält. Mit 40 km/h bewegt er sich auf die nächste Kurve zu – es kommt wieder diese Schikane, die seinem Gokart schon in der vorigen Runde Probleme bereitet hat. Aber jetzt gibt er nicht klein bei. Die Ideallinie ist auch sein Ideal.

Szenenwechsel:

Kaum ein Millimeter zwischen Gummi und Leitplanke. Die Kurve in Monaco nimmt der Formel-1-Pilot mit Bravour – und das schon zum 74. Mal. Nur ein grober Fahrfehler oder die Technik können seinen Sieg noch verhindern. Er spürt, dass er in Kürze am Höhepunkt seiner Karriere angelangt ist.

Wer von den beiden Rennfahrern ist in dem beschriebenen Moment glücklicher? Geht es bei Glück darum, den Leistungen und Erfolgen anderer nachzueifern? Es geht darum, sein eigenes, persönliches Glück zu finden. Egal in welcher Dimension. Es gibt kein großes und noch größeres Glück. Es gibt das Glück, das Sie in sich spüren, das Ihr Herz aufgehen lässt und wo Sie wissen: Sie sind zur richtigen Zeit am richtigen Ort.

Halten Sie sich auch nicht damit auf, sich das Glück anderer zu ersehnen. Es wäre ohnehin ein fremdes Glück und nicht Ihres. Sonst hätten Sie es ja schon lange in Ihr Leben geholt. Sie können nur selbst aktiv werden und beginnen, zu erleben, zu spüren mit jeder Faser Ihres Körpers. Sich spüren und Ihre ganz persönliche Freude. »Wer wirklich lebt, bleibt niemals stehen«, sagt Paulo Coelho. Sie müssen sich also von Hindernissen nicht abbremsen lassen, davor stehen bleiben und zusehen, wie die anderen an Ihnen vorbeibrausen. Sie umfahren es und suchen sich eine neue Straße. Und dann freuen Sie sich über die schöne neue Landschaft, die Ihnen sonst verborgen geblieben wäre.

4. Ich bin ich, auch ohne Universum

Das Universum

Es ist in den letzten Jahren immer populärer geworden, immer mehr Menschen glauben daran, leben damit und hoffen darauf: auf das Universum. Es erfüllt alle Wünsche, heißt es. Bücher werden zu Bestsellern, weil sie erklären, wie man das Universum ansprechen muss, damit das Leben genauso verläuft, wie man es gerne hätte. Was Mitte des 19. Jahrhunderts ihren Anfang nahm, ist in unserer Zeit weit verbreitet: die Ansichten der Neugeist-Bewegung. Deren geistiger Vater, Phineas Parkhurst Quimby, ein Uhrmacher aus Maine, dem nordöstlichsten Bundesstaat der USA, wandelte sich im Lauf seines Lebens zu einem Lebensphilosophen und Heilpraktiker.

»Ein Arzt namens Phineas Parkhurst Quimby soll zauberhafte und unvergleichliche Kuren vollbringen, und zwar dank einer neuen und geheimnisvollen Methode. Dieser Heilhelfer wende weder Massage noch Medikamente noch Magnetismus noch Elektrizität an, und dennoch gelange er, wo die andern Ärzte und ihre Mittel versagten, spielend zum Ziel. […] So dauert es nicht lang, und von allen Seiten des Landes strömen Patienten zu diesem Wunderdoktor nach Portland«, schreibt der österreichische Schriftsteller Stefan Zweig über ihn.

Die Therapie des Dr. Quimby: Er redete seinen Patienten die Krankheit aus. Er war der festen Ansicht, die meisten Leiden seien Einbildung. Zuversicht und Gottvertrauen würden ausreichen, um gesund durchs Leben zu gehen. Daher gehört in der Neugeist-Bewegung, die zu großen Teilen nach seinen Lehren geformt ist, positives Denken zu den Grundprinzipien. In ihrer weiteren Entwicklung kamen die Anhänger zur Überzeugung, dass alles Leben universell miteinander verbunden sei und der Mensch seine Welt selbst erschaffen könne. Und zwar durch Visualisierungen und kraftvolles Denken an Hoffnungen und Träume, die dadurch wiederum zur Realität werden.

Das populärste Werk dieser modernen Lebensphilosophie ist *The Secret* der australischen Drehbuchautorin Rhonda Byrne. Der Millionenbestseller reiht sich ein in die Flut von Veröffentlichungen der letzten Jahrzehnte, die große Versprechungen machen. *The Secret* bedient sich des Neugeist-Glaubens, lässt ihn als uralte, eben erst entdeckte Weisheit erscheinen und stellt das Universum als Diener des Menschen dar. Ein Geist aus der Flasche, der jeden Wunsch erfüllt. Wir haben plötzlich eine Art Versandhaus für Wünsche; eine Mega-Wunschzentrale: Sie wünschen, das Universum gehorcht – damit sprechen diese Bücher die größte Hoffnung des Menschen an: Dass sie alles erreichen können, was Sie wollen, ohne sich dafür anstrengen zu müssen. Die Schlaraffenland-Fantasie. Es fliegt uns nur so zu. Das erinnert an diese tollen Nebenbeschäftigungen, die ähnlich angepriesen werden: »3000 bis 10 000 Euro extra im Monat? Kein Problem! Und das alles mit nur zwei Stunden Aufwand in der Woche!« Das Ganze endet dann meist in einem Pyramidenspiel oder einem ähnlichen Konstrukt, in dem nur der gewinnt, dem das alles eingefallen ist. Aber einen Unterschied gibt es doch: Bei den erwähnten Businessideen kommen wir bald drauf, dass wir Zeit und vielleicht Geld investiert haben, am Ende dabei aber nichts herausschaut. Wir merken, dass wir einem Schwindel aufgesessen sind, und ärgern uns darüber. Damit fertig.

Richten wir aber unsere Botschaften ans Universum und das Gewünschte trifft nicht ganz genauso ein, geben wir uns selbst die

Schuld. Finden sich die Millionen Euro, die Sie sich wünschen, nicht und nicht auf Ihrem Konto ein? Sitzen Sie nach zwei Jahren des Formulierens von Wunschformeln immer noch alleine auf der alten Couch und nicht am Schoß des Traumpartners? Dann müssen Sie irgendetwas falsch gemacht haben. Ihre Zweifel waren wohl doch zu groß oder Sie haben bei der Formulierung des Wunsches einen Fehler gemacht. Haben Sie einmal »nicht« gesagt?

Denn das Wort »nicht« erkennt das Universum laut den Gesetzen der Universum-Wunschfabrik nicht. Daher mache es etwa aus dem Satz »Ich will nicht arm sein« den Wunsch nach Armut. Und aus »Ich will keine Schulden« entstehe das Gegenteil und sie werden mit Schulden überhäuft. Doch fordern wir vom Universum: »Ich will reich sein!«, ist es auch nicht richtig. Denn hierbei nimmt es das Universum ganz genau und erhebt »will« zum wichtigsten Wort. Es bleibt beim Wollen. So heißt es zumindest in den neugeistlichen Botschaften. »Unsere Gedanken formen die Wirklichkeit.« Aber was für eine Wirklichkeit? Nicht die, die wir eigentlich wirklich meinen. Viele kleine Stolperfallen sind eingebaut, die uns immer wieder zweifeln lassen, ob wir den Wunsch auch wirklich richtig formuliert haben. Und Zweifel darf man ohnehin nicht hegen. Sonst ist das Universum beleidigt … oder so. Doch ohne solche Spitzfindigkeiten hätte diese Lehre ja auch keine Ausreden, wenn es nicht funktioniert.

Eine harmlose Philosophie?

Die große Gefahr, die in der Vorstellung lauert, mit Gedanken seine gesamte Welt zu erschaffen, ist, sich selbst für alles verantwortlich zu machen, was einem so widerfährt. Da muss ich Ihnen von einem persönlichen Erlebnis in meinem Bekanntenkreis berichten.

Ein Fall, der mich lange Zeit sehr nachdenklich gemacht hat. Es handelte sich um ein lebenslustiges Paar, das mit beiden Beinen im Leben stand und der Überzeugung war, alles erreichen zu können. Nicht zuletzt deshalb, weil sie ja regelmäßig ihre Wünsche beim Universum deponierten und sich sicher waren, es würde funktionieren. Alles was sie anpackten gelang und sie schrieben das dem Universum zu. Auch der Kinderwunsch der beiden war sehr groß, doch die Erfüllung ließ auf sich warten. Dann aber war es so weit. Die Frau war schwanger, ein kleiner Punkt war im Ultraschall zu sehen, die Freude der beiden übergroß. Doch sie währte nicht lange. Schon nach sieben Wochen äußert der Gynäkologe die vorsichtige Vermutung, dass etwas nicht stimme. Der Punkt wurde nicht größer. Auch in der Woche darauf nicht. Und in der Woche danach. Er wuchs überhaupt nicht mehr. Ein Schock. Aber ein Schicksal, das so viele Frauen trifft. 15 Prozent aller Schwangerschaften enden mit einer Fehlgeburt. Wobei das Risiko in den ersten Schwangerschaftswochen am höchsten ist. Mediziner sprechen sogar von einem Schutzmechanismus – der Embryo wäre wohl nicht lebensfähig gewesen.

Und doch, der Eindruck dieser Erfahrung saß für die beiden zu tief, die Trauer war zu groß. Und ging so weit, dass der Mann seiner Frau Vorwürfe machte. Sie hätte sich das Kind nicht uneingeschränkt gewünscht. Hätte mit negativen Gedanken und Zweifeln die Fehlgeburt herbeigerufen. Das Universum hätte ihnen das Kind wieder genommen, weil die Frau es unterbewusst gar nicht gewollt hätte.

Das traf die Frau tief. Und trotz ihres aufsteigenden Hasses gegen den Mann, wusste sie nicht, ob er nicht vielleicht doch recht hatte. Die Selbstzweifel waren enorm. Bis sie therapeutische Hilfe in Anspruch nahm und sich ihres Selbst wieder bewusst wurde. Sie trennte sich von ihrem Mann. Auch wenn er diese Vorwürfe später bereute, sie konnten sich nie wieder so unbeschwert in die Augen sehen wie früher. Die härteste Phase ihres Lebens konnten sie nicht gemeinsam bestehen. Die Überzeugung, sich sein Leben mit allen Widrigkeiten und Schicksalsschlägen in Wirklichkeit selbst zu erschaffen, hat den Mann überfordert und die Frau in tiefe Ängste gestürzt.

Ein Grundtenor meines Buches ist, für vieles im Leben selbst verantwortlich zu sein. An sich zu arbeiten. Selbst immer wieder zu vergleichen: Wie verhalte ich mich und ist mein Lebensweg ein Ergebnis meiner Grundeinstellung? Doch das heißt nicht, dass man auch noch an Schicksalsschlägen schuld ist. Diese Annahme wäre fatal. Es gibt nun einmal Phasen im Leben, bei denen es darum geht, sie zu meistern. Trauer leben zu können. Einen Schicksalsschlag, für den man nichts kann, als Teil des Lebens zu akzeptieren.

→ Akzeptieren Sie Schicksalsschläge als Teil Ihres Lebens

Die besonders optimistischen Menschen unter uns haben es mit dieser Weltanschauung etwas einfacher. Sie sehen schon in alltäglichen Kleinigkeiten das Wirken des Universums: Die Oma schiebt Ihnen überraschenderweise 200 Euro zu – das muss der Wunsch nach der Million bewirkt haben. Immerhin. Man gibt sich ja schon mit den kleinen Dingen des Lebens zufrieden. Ist ja auch erst der Anfang – das Universum ist trotzdem spitze!

Bis wir erkennen, dass glückliche Zufälle, die ja tatsächlich passieren – die neue Bekanntschaft, die sich als wertvoll für die Karriere entpuppt, der durchtrainierte Typ im Freibad, der zur Kurzzeitbeziehung wird –, dass diese Zufälle nicht unbedingt mit der Macht der Anziehung zu tun haben müssen. Sondern mit unserer auf diese Ziele ausgerichteten Aufmerksamkeit und Konzentration. Sie können schon etwas dazu tun, damit Ihre Wünsche wahr werden. Sie werden schon beim Lesen der nächsten Seiten erkennen, wie. Vorher aber sollen die guten Seiten dieser Universums-Lehre nicht unerwähnt bleiben. Die wahren Kerne gibt es.

Seien Sie gelassen, die Erfüllung Ihres Wunsches ist nahe, auch wenn sie sich jetzt noch nicht erahnen lässt, so ungefähr lautet die Botschaft in *The Secret*. Und ja, es stimmt, Sie können sich freuen. Denn das Gute, auf das sie schon warten, ist meist nicht mehr weit entfernt. Verzagen Sie nicht, wenn Sie Ihr Ziel noch nicht sehen! Es kommt, wenn Ihr Blick geschärft ist und Sie bei der passenden Gelegenheit zugreifen. Auch ein gutes Essen muss erst gekocht werden. Und je exquisiter das Mahl, desto länger dauert die Zubereitung. Sie können zuversichtlich sein. Und mit dem Wissen, dass die guten Dinge gerne länger auf sich warten lassen, werden Sie die nötige Geduld aufbringen.

Finden Sie den Weg, der zu Ihnen passt

Einer dieser wahren Kerne ist sicher die positive Lebenseinstellung: Versuchen Sie, sich Gutes zu tun, haben Sie Spaß, suchen Sie die Dinge, die Ihnen Berge geben, Sie zum Lachen bringen, Sie glücklich machen. Dann wird das Leben auch den Lauf nehmen, den Sie sich vorstellen. Die Sache mit der rosaroten Brille hat schon was. Machen Sie sich glücklich und rund um Sie entsteht Glück. Machen Sie sich glücklich und Ihnen geht alles leichter von der Hand.

Aber: Machen Sie all diese Dinge bewusst und gaukeln Sie sich selbst dabei nichts vor. Es geht um das gespürte Glück von innen heraus. Es geht nicht darum, die Zeit an sich vorübersausen zu lassen mit gekünstelter Ablenkung. Sehen Sie sich einen lustigen Film nur an, wenn Sie wirklich Entspannung dabei finden. Nicht, wenn Sie diese Klamauk-Movies schrecklich finden. Gehen Sie nicht jeden Abend aus, wenn Sie das in Wirklichkeit anödet und Sie sich am nächsten Tag schlecht fühlen.

Es gibt die Dinge, die andere wollen oder vorgeben zu wollen, weil sie trendy sind, und es gibt Ihre eigenen Vorlieben. Ihre ganz persönlichen Glücklichmacher. Die müssen Sie finden. Probieren Sie sich und das Leben aus. Haben Sie keine Scheu vor dem Neuen, wenn Sie glauben, dass es Ihnen gut tut. Ich kann Ihnen nicht sagen: Machen Sie dieses und lassen Sie jenes. Sie müssen sich letztendlich selbst finden. Aber dabei ehrlich zu sich selbst sein. So viele Menschen es auf der Welt gibt, so viele Möglichkeiten zu leben gibt es. Finden Sie Ihre eigene Art und Weise. Finden Sie Ihren ganz eigenen Weg, der genau zu Ihnen passt.

Das Gesetz der Anziehung – einmal anders

Sie können es, wenn Sie möchten, durchaus als ein unglaubliches, übersinnliches Phänomen bezeichnen: die alte Binsenweisheit etwa: Wer Geld hat, zieht Geld an. Oder wenn jemand überall Freunde zu haben scheint, ist es ja kein Wunder, dass er stets gut gelaunt ist. Oder aber auch: Welche Fügung, Sie haben eine Geschäftsidee und brauchen einen Partner für die Verwirklichung. Just in diesen Tagen lernen Sie jemanden kennen, der Ihnen weiterhilft.

Diese »Phänomene« gibt es. Aber nicht, weil es sich dabei um »quantenphysikalische Gesetze« handelt, wie *The Secret* glauben machen will. Da wüsste die Autorin des Buches mehr als alle Quantenphysiker. Sie und die anderen New-Age-Spiritualisten stürzen sich auf die Quantenphysik, weil sie derzeit noch so wenig erforscht und nicht leicht erklärbar ist. Und sich physikalische Phänomene wie die »Verschränkung« herrlich für Übersinnliches ausweiden lassen.

Die Verschränkung beschreibt, dass zwei oder mehrere Teilchen einander auch über große Entfernungen, vermutlich sogar über uneingeschränkte Distanzen, gegenseitig beeinflussen. Und das ohne Zeitverzögerung. Wenn das Teilchen können, dann müssen doch unsere Gedanken das auch können, meinen die, die an das Wunschdenken als materialisierende Kraft glauben. Doch woher kommt dieser Bezug? Gibt es dazu wissenschaftliche Forschungen? Schon die Experimente mit den Teilchen erfordern einen großen Aufwand, absolute Genauigkeit, Ideenreichtum und lange Vorbereitung der besten Physiker unserer Erde. Aber Gedanken? Die Wirkung eines Gedanken kann, wenn überhaupt, wohl nur in einem Gedankenexperiment untersucht werden. Vermutlich mit vielfältigen Ergebnissen. Und selbst wenn unser Universum von einem Energiefeld durchzogen wäre, warum sollte dieses Energiefeld dafür geschaffen sein, uns ein Sportauto und eine Luxusvilla zu beschaffen?

In Wahrheit ziehen Sie selbst an, wofür Sie offen sind. Wenn Sie die Verkäuferin im Supermarkt anlächeln, werden Sie in 90 Prozent der Fälle ein Lächeln zurückbekommen. Wenn Sie gesprächig sind und nicht zu schüchtern und zurückhaltend, werden Sie viele Gespräche führen, vor allem, wenn Sie sie beginnen.

→ Sie selbst ziehen an, wofür Sie offen sind

Im Film *Dracula – The Dark Prince* heißt es: »Er ist nur so eine Bestie, weil er wie eine behandelt wird.« Das gilt nicht nur für Vampire.

Angenommen, Sie werden ständig angefeindet, ausgelacht wegen nichts, Ihnen wird gesagt, wie dumm Sie sind. Wie werden Sie reagieren? Das lässt niemanden kalt. Was man uns nur oft genug sagt, werden wir irgendwann auch glauben. Und wir beeinflussen mit festgefahrenen Meinungen auch das Verhalten unserer Mitmenschen (siehe Unterkapitel »Die Freiheit der anderen«).

Wenn Sie sich ehrlich interessiert nach dem Befinden einer Kollegin, eines Kollegen erkundigen und dann auch wirklich zuhören, werden Sie spätestens ab dem nächsten Mal eine ehrliche Antwort bekommen und ein besseres Verhältnis zu diesem Menschen haben.

Das hört sich so einfach an – natürlich gibt es auch Fehlschläge. Man ist freundlich und bekommt ein Murren zurück. Das gibt es natürlich, weil jeder Mensch seine Tagesverfassung hat oder weil er selbst freundlich war, aber Rückschläge erhalten hat. Es soll ja Menschen geben, die glauben, sie wirken kompetenter und interessanter, wenn sie unfreundlich sind. Jeder hat so seine eigene Welt, seine eigenen Vorstellungen, seine eigenen Gedanken und die sind einmal von Wolken bedeckt, weil ein Erlebnis gerade nicht positiv war. Ein anderes Mal ist der gleiche Mensch richtig gut drauf und wundert sich, warum nicht alle anderen auch singend durch die Straßen laufen. Lassen Sie sich nicht entmutigen. Es ist nicht persönlich gemeint. Das nächste Mal bekommen Sie wieder besseres Feedback. Sicher.

Diese beeindruckenden Zufälle sind auch bekannt: Sie arbeiten an einem Projekt und finden heraus, dass Sie eine bestimmte Person mit bestimmten Fähigkeiten brauchen, damit dieses Projekt auch zu Ende gebracht werden kann. Sie wissen aber nicht, wo sie zu finden ist. Und siehe da, auf dem Gartenfest des alten Schulfreundes lernen Sie genau diese Person kennen. Sie kommen ins Gespräch, eher so nebenher erwähnen Sie Ihr Projekt, über das Sie gar nicht viel reden wollen, weil es ja noch nicht fertig ist, und finden heraus, dass der Gesprächspartner die Idealbesetzung ist, um das Ganze zum Abschluss zu bringen. Oder er hat eine Schwägerin, die Spezialistin in diesen Sachen ist. Zufall? Hat das Universum seine Hände im Spiel?

Es ist viel einfacher: Sie erleben, wonach Sie suchen. In einem Experiment sollten sich die Teilnehmer aus einem Wirrwarr verschiedener vorgelegter Gegenstände die merken, die gelb oder teilweise gelb waren. Die Überraschung kam dann bei der Aufgabenstellung: Sie sollten alle roten Gegenstände benennen. Sie können sich vorstellen, dass die Antworten sehr lückenhaft waren.

→ Sie erleben, wonach Sie suchen

Wir konstruieren selbst unsere Realität. Alleine durch die (auch unbewusste) Entscheidung, welche Wahrnehmung für uns wichtig ist. Eine Hundebesitzerin findet beim Spazierengehen die tollsten Stöcke, die sie ihren Hund apportieren lassen kann. In der richtigen Größe und mit optimalen Flugeigenschaften. Während jemand ohne Hund darauf gar nicht achtet. Er könnte nicht sagen, ob durch den letzten Sturm mehr Äste in der Wiese oder rund um die Büsche liegen.

Jemandem, der beginnt, sich für Fotografie zu begeistern, fallen beim Zeitungsstand wie zufällig die Zeitschrift mit dem neuen Kameratest und das Kunstmagazin zur Bildgestaltung auf, die er zuvor nie beachtet hat. Und in der Fernsehdokumentation über die schönsten Plätze der Erde bekommt er nun einen Blick für die gezeigten Bildkompositionen.

Daher: Schärfen Sie Ihre Sinneseindrücke: Suchen Sie bewusst nach Dingen, die Sie sonst nicht beachten würden. Auch wenn Sie sie jetzt gerade nicht brauchen. Lassen Sie Ihren Blick schweifen, schauen Sie rund um sich und versuchen Sie, etwas zu entdecken, das in Ihrem Leben eigentlich keine Rolle spielt. Werden Sie sich Ihrer Umwelt auf neue Art bewusst. Erleben Sie einen anderen Blick auf die Welt, als Sie gewohnt sind.

Und so können Sie auch schnell erkennen, um das Beispiel des Gartenfests nochmals aufzunehmen, ob Ihnen ein Mensch nützt oder nicht. Nicht, weil Sie die Person herbeigewünscht haben. Wie oft treffen Sie Leute, die Ihnen überhaupt nicht weiterhelfen können? Oft genug, man begegnet ihnen einfach, führt einen netten Small Talk, aber sonst misst man diesen neuen Bekanntschaften keine weitere Bedeutung bei. Was aber stolz im Bekanntenkreis erzählt wird, ist das unglaubliche Glück, das man hatte, weil man den richtigen Professionisten an unerwarteter Stelle getroffen hat. Und schon geben Sie dem Zufall eine Bedeutung, die dazu verführt, an die Hilfe von oben zu glauben.

Und dann noch die Sache mit dem Geld, das Geld anzieht. Das ist kein Phänomen. Es liegt unter anderem einfach daran, dass jemand, der Eigenmittel hat, sich mehr leisten kann, für Investitionen kein fremdes Geld braucht und damit für ein und dieselbe Errungenschaft weniger bezahlen muss. Es bleibt mehr für Investitionen, somit fließt mehr Geld zurück. Wenn man nicht aufs falsche Pferd setzt und alles verliert. Aber das ist eine andere Geschichte.

Sie sind wieder selbst an der Reihe zu handeln, wenn Sie sich mehr Geld wünschen. Wie man das macht, dafür gibt es unzählige Möglichkeiten. Ob Sie scheitern oder erfolgreich sind, liegt zum größten Teil auch wieder an Ihnen. Mehr dazu in dem Kapitel: Geld, Reichtum, Erfolg.

Die Psychologie dahinter: **Hypothesengeleitete Wahrnehmung.** Das ist das Phänomen, dass der Mensch, auch wenn er noch keine Ahnung hat, was er in Kürze erleben wird, mit bestimmten Erwartungen (Hypothesen) in eine Situation hineingeht. Diese Erwartungen können aus fixen Vorstellungen oder auch aus Erfahrungen ähnlicher, aber eben nicht gleicher Situationen herrühren. Er nimmt sie daher selektiv wahr. Pickt sich Sinneseindrücke heraus und interpretiert sie so, dass sie in sein Bild passen. Diese verzerrte Sicht der Realität nennt man in der Psychologie den Urteilsfehler oder Wahrnehmungsfehler. Das Fatale daran: Der Mensch sieht sich voll bestätigt und wird zukünftige Situationen noch stärker nach seinen Erwartungen beurteilen. Ein Teufelskreis entsteht, indem die Wahrnehmung in jedem neuen Fall mehr und mehr resistent wird gegenüber den eigentlichen objektiven Gegebenheiten.

Alte Methoden neu verpackt

Dieses Wünschen ist nicht neu. Das gibt es schon lange und ist längst nicht so geheimnisvoll, wie *The Secret* glauben machen will. Es ist keine Sache von Auserwählten, sondern wird seit Jahrtausenden von der Mehrheit der Weltbevölkerung angewendet: das Beten. »Lieber Gott, mach dass ich gesund bleibe, sorge für mein tägliches Brot, meine längst fällige Beförderung und schick meinem nervigen Nachbarn eine Nacktschneckenplage ...« Das klingt doch schon ein bisschen nach einem möglichen Wunschzettel aus *The Secret*. Setzen Sie statt Gott einfach Universum ein. Auch starke Gefühle, die aktiv über Kunst und Kreativität ausgedrückt werden, wie von *The Secret* gefordert, weil sich dadurch die Gedanken manifestieren können, werden in Gebete gepackt – denken Sie nur an Messen mit Gospel-Gesang.

Ein drastisches Beispiel, dass Gebete und ehrlich gemeinte Wünsche, vielfach formuliert, den Lauf des Schicksals nicht beeinflussen können, ist die schwere Erkrankung des ehemaligen Präsidenten Venezuelas, Hugo Chavez. Der Kult, die Manie um seine Person wurden vor allem in den letzten Monaten vor seinem Tod im März 2013 immer intensiver. Täglich versammelten sich Menschen auf Straßen, auf Plätzen, in Kirchen und in ihren

Häusern um für den Mann zu beten. Dafür, dass er seine Krebserkrankung überwindet und wieder gesund wird. Sie bauten Altäre und malten Bilder des Staatsoberhaupts. Es war beeindruckend, zu sehen, wie viel Sympathie Chavez in seinem Land hatte, wie leidenschaftlich Tausende Menschen die Gebete unter Tränen vorgetragen haben. Doch es hat letztendlich nichts gebracht.

Es gibt viele Studien zur Wirkung von Gebeten. Manche sagen, Gebete würden die Lebensdauer verlängern. Andere, sie würden sich positiv auf die Gesundheit auswirken. Darüber hat sich schon der wissenschaftliche Vorreiter Francis Galton im 19. Jahrhundert Gedanken gemacht. 1872 veröffentlicht er das Ergebnis zahlreicher Untersuchungen in der Schrift »Statistische Untersuchungen über die Wirksamkeit von Gebeten«. Er engagiert dafür nicht extra Tausende Probanden, sondern nimmt Beispiele aus seiner Zeit und vergleicht sie miteinander. So klingt seine Annahme logisch, dass die Mitglieder der britischen Königsfamilie besonders gesund sein müssten und überdurchschnittlich lange leben. Für sie betet schließlich jeder brave Untertan täglich: »Gib ihnen Gesundheit und langes Leben.« Doch das Ergebnis sieht ganz anders aus, die Royals hatten damals eine lausige Lebenserwartung. Von den untersuchten Gruppen schnitten sie am schlechtesten ab.

Aber vielleicht bringt es ja nichts, für andere zu beten? Vielleicht muss man egoistischer sein? Doch Galton glaubt nach Durchsicht seiner Daten erkannt zu haben, dass es auch nichts hilft, für Reichtum zu beten. Das ergaben die festgestellten Eigentumsverhältnisse von Bankern und Anlegern.

Aber zurück in unsere Zeit. Die aktuellen wissenschaftlichen Studien zum Thema Wünschen ergeben ein differenziertes Bild. Durchaus bemerkenswert das Ergebnis einer Untersuchung der New Yorker Columbia University. Forscher ließen Fremde für 219 Frauen mit unerfülltem Kinderwunsch beten. Daraufhin soll es zu einem auffallenden Anstieg bei den Schwangerschaften gekommen sein. Dale A. Matthews von der Georgetown University meint: Wer regelmäßig betet, wird nicht so oft krank und wenn doch, ist er schneller wieder auf den Beinen. Der Gläubige hätte einfach ein stärkeres Immunsystem. Seine Begründung: Die Gefühle von Schutz und Geborgenheit würden psychische Reserven und Heilkräfte mobilisieren.

Auch kam ein Team von Psychologen um den Wiener Psychiater Raphael M. Bonelli, das 1200 Studien durchforstet hat, zu dem Schluss, dass religiöse Menschen eine höhere Lebenserwartung haben. Allerdings heißt es im Fazit der Studie, dass dieses Ergebnis wohl nicht nur am Gebet im stillen Kämmerlein liegt. Vielmehr würden religiöse Menschen einfach gesünder leben, nicht so häufig Drogen nehmen und hätten seltener ungeschützten Sex. Der Glaube würde den sozialen Zusammenhalt und die gegenseitige Unterstützung sowie eine gewisse Stabilität in der Familie unterstützen. Die Verhaltensweise eines religiösen Menschen verbunden mit seiner Gefühlswelt wirke sich positiv auf die körperliche Gesundheit aus.

Zu einem ganz anderen Ergebnis kommt eine der größten wissenschaftlichen Untersuchungen von Forschern der Harvard Medical School, die vor einiger Zeit in der Zeitschrift *American Heart Journal* veröffentlicht wurde. Zwei Millionen Euro hat sie gekostet, 1800 Herzpatienten nahmen daran teil. Die Wissenschaftler ließen drei verschiedene christliche Gruppen für zwei Drittel dieser Patienten beten, und zwar vom Abend vor ihrer entscheidenden Operation bis zwei Wochen danach. 600 Patienten wussten, dass für sie gebetet wurde, 600 wussten es nicht und für die restlichen 600 wurde gar nicht gebetet.

Was dabei herauskam, hat sogar die Wissenschaftler erstaunt: Zwischen der Gruppe, für die ohne ihr Wissen gebetet wurde, und der, die ohne Gebete die Operation durchstehen musste, gab es keinen Unterschied hinsichtlich eintretender Komplikationen. Bei der Gruppe aber, die wusste, dass jeden Tag Gott für ihre Genesung angerufen wurde, kam es sogar häufiger zu Komplikationen. Eine

Erklärung dafür haben die Forscher nicht – nur die Vermutung, dass die Patienten möglicherweise besorgt darüber waren, dass ausgerechnet für sie gebetet wurde – nach dem Motto: Um mich muss es schlecht stehen, wenn für mich schon gebetet wird. Es hat sich also gezeigt: Die, für die gebetet wird, profitieren davon am wenigsten.

Was Beten wirklich bewirkt

Die wissenschaftlichen Studien lassen den einzigen Schluss zu: Dort, wo Gebete und Wünsche möglicherweise wirken, hat letztendlich wieder nur jeder selbst sein Wohlbefinden erwirkt. Durch die Konzentration auf sein Gebet nimmt er sich Zeit für sich, der Körper entspannt sich, weil er merkt, jetzt bekommt er eine echte Pause. Dafür müsste man nicht beten, das geht auch mit Yoga, Meditation, einem gemütlichen Spaziergang ohne Handy, einer Viertelstunde in der Badewanne mit Musik im Hintergrund oder was auch immer Ihnen gut tut. Außerdem achtet der Gläubige durch das Gebot, er solle sich selbst lieben, unter Umständen mehr auf sich und seine Gesundheit. Er ist womöglich geselliger, weil er sich viel im Kreis anderer Gläubiger bewegt. Er nutzt die Gemeinschaft der Kirche für sein Seelenheil.

Das ist natürlich auch möglich, wenn man nicht gläubig ist. Offen auf die Mitmenschen zugehen, sich einen kleinen, aber feinen Freundeskreis und einen verlässlichen erweiterten Bekanntenkreis zulegen. Zu den Menschen stehen und nette Tage und Abende mit ihnen verbringen. Schon profitieren Sie genauso von den Vorteilen, die sich durch ein Gebet und praktizierten Glauben ergeben, auch wenn Sie keine direkte Verbindung zu einem Gott herstellen.

Allgemein kann man durchaus sagen, dass in unserer Zeit das klassische Gebet, vor allem in westlich zivilisierten Ländern, an

Bedeutung verliert. Viele Menschen merken, dieses Beten ist doch nicht so wirkungsvoll, wie sie es sich erhofft haben. Daher wenden sie sich neuen spirituellen Formen zu. So etwa der Überzeugung, dass ausgesprochene oder geschriebene Wünsche das Leben formen können. Doch damit entfernt man sich von sich selbst und der Überzeugung, es alleine schaffen zu können.

Die Psychologie dahinter: In der **Religionspsychologie** wird bis heute die Debatte geführt, ob Religiosität die seelische Gesundheit fördert oder sogar hemmt. So wie ein positives Selbstwertgefühl die Gesundheit fördern kann, kann auch Religiosität vorteilhafte Auswirkungen auf das seelische Befinden haben. Doch macht Religiosität krank, wenn sie sich kontraproduktiv auf das Selbstkonzept (Stichwort Sünde und Schande) auswirkt und mit Angst verbunden ist.

Der US-amerikanische Psychologe Gordon Allport hat den Unterschied zwischen intrinsischer Motivation zu beten und extrinsisch orientierter Religion herausgearbeitet. Während die einen Religion um ihrer selbst willen und aus Überzeugung heraus praktizieren, steht für die anderen der soziale Faktor im Vordergrund. Also ein Mittel zum Zweck, um gesellschaftliche Beziehungen, Erfahrung von Trost oder Sozialprestige zu erhalten. Speziell die intrinsische Form der Religiosität ist es, die physische und psychische Gesundheit fördert. Sie unterstützt das Erleben von positiven Gefühlen und dämpft negative Emotionen. Wobei die extrinsische Form wenigstens zu sozialen Kontakten führt und auch das seine positive Wirkung hat.

5. Ich mit dir

Überzeugen Sie sich von der Liebe

Wie finde ich den richtigen Mann, die richtige Frau, den richtigen Partner für mich? Eine der wichtigsten Fragen fast jedes Singles. Denn niemand will alleine sein. Wirklich niemand. Und wenn Sie jetzt sagen: Doch, ich kenne da diesen Eigenbrötler, der spricht kaum ein Wort. Oder meine Kollegin zwei Türen weiter erzählt doch immer, dass sie am Abend am liebsten ihre Ruhe hat, ihre Katzen streichelt und niemanden sehen will. Was diese Menschen wirklich wollen? Sie wollen nicht mehr verletzt werden.

Jetzt geht es aber erst einmal um Sie! Falls Sie Single sind: Warum glauben Sie, hat der/die Richtige noch nicht an die Tür geklopft? Obwohl Sie es sich so sehr wünschen. Warum sind Sie auf der Straße noch nicht mit ihm/ihr zusammengestoßen, nachdem beide in jeweils eine andere Richtung geschaut haben? Im Film ist das doch der ideale Moment, um sich in seinen Augen zu verlieren und den Partner seiner Träume nicht mehr loszulassen.

Seien Sie ehrlich: Lassen Sie es zu? Helfen Sie mit? Unterstützen Sie die Möglichkeit, den Traumpartner kennenzulernen? Sind Sie offen dafür? Das Universum hat Besseres zu tun, als Milliarden Menschen durch die Straßen zu lenken und sie zusammenzuführen. Nur damit man zwei Monate später erkennt, dass er Schweißfüße hat und man seine Vorliebe für Spinnenzucht überhaupt nicht teilt.

Es gibt schon ein paar Möglichkeiten, was da falsch laufen könnte. Fangen Sie bei sich selbst an. Ihre Bereitschaft Liebe zuzulassen spielt eine große Rolle. Vielleicht sehnen Sie sich nach einem Partner, aber Sie können sich bei Ihrem eingespielten und zeitlich abgestimmten Leben gar nicht mehr vorstellen, wo dieser überhaupt Platz haben soll. Eine Partnerschaft bedeutet für Sie eigentlich – auch wenn Sie es sich nicht eingestehen wollen – nur noch mehr Termine und noch mehr Stress und möglicherweise Ärger. Und dieses Zusammenraufen am Anfang – es ist schon so oft schiefgegangen.

Vielleicht trauen Sie sich die angenehme, aber auch aufreibende Zweisamkeit nach der langen Zeit, die Sie jetzt schon alleine sind, nicht mehr zu. Sie glauben eigentlich nicht mehr daran, dass man sich auf einen anderen Menschen einlassen kann, ihn lieben, ihm die persönlichsten Geheimnisse anvertrauen kann. Es macht Ihnen Unbehagen, Ihr Heim plötzlich teilen zu müssen. Je länger der Zustand des Alleinseins dauert, desto mehr machen sich solche unangenehmen Gedanken breit. Sie sind auch ein Abwehrmechanismus, um sich selbst gegenüber nicht zugeben zu müssen, dass man sich eigentlich einsam fühlt, so allein.

Die Anzahl der Partnerschaften, die dennoch zwei Wohnorte behalten, wächst. Immer weniger sind bereit, den letzten Schritt zu gehen, eine Wohnung aufzugeben und sich gemeinsam hineinzustürzen: in den Alltag, in die täglichen persönlichen Herausforderungen miteinander. Wenn man streitet, zieht sich einer in seine Wohnung oder in sein Haus zurück und meldet sich drei Tage lang nicht. Klingt wie eine einfache Art der Konfliktbeseitigung, ist aber für eine langfristige Beziehung nicht der beste Weg. Denn, woran es hakt, ist nicht verschwunden. Ein Psychotherapeut erzählte mir nach einem Interview einmal, dass viele nichts mehr von sich hergeben wollen. Wir trauen uns nicht mehr. Zu lose sind die Partnerschaftsgeflechte geworden und zu groß die Angst, dass wir uns zu sehr öffnen, zu viel von uns preisgeben und genau das für uns nach Beziehungsende zum Bumerang wird. Das macht Beziehungen zu oberflächlichen »Bekanntschaften plus« – plus Sex nämlich.

Was es auch ist, Sie nehmen eine bestimmte Grundhaltung ein. Die ist für Sie oft nicht einmal mehr offensichtlich. Sie ist Ihnen gar nicht mehr bewusst. Denn Ihr Unterbewusstsein steuert sie.

→ Das Unterbewusstsein formt Ihre Grundeinstellung

Das Unterbewusstsein kann sehr hilfreich sein. Es ist sogar richtig genial. Es reagiert, bevor Sie sich überhaupt bewusst werden, was gerade passiert. Das ist manchmal gut, weil es Sie spontan und schnell handlungsfähig macht. Manchmal ist es aber nicht ideal, weil es Reaktionen bewirkt, die aus einer früheren Erfahrung herrühren und die damals ok waren, in der momentanen Situation aber fehl am Platz sind.

Wenn Ihr Ex-Partner ein begeisterter Tennisspieler war, Sie aber entdecken mussten, dass er seine angeblichen Tennisstunden in Wirklichkeit mit einer anderen Frau verbracht hat, wie werden Sie wohl reagieren, wenn Ihr Neuer Ihnen eröffnet, dass er mit dem Tennisspielen beginnen möchte? Sie brechen vielleicht in Tränen aus. Sie packen seine Sachen und stellen sie vor die Tür. Sie bekommen jedenfalls ein unangenehmes Kribbeln in der Magengegend. Für das Ihr neuer Partner aber natürlich nichts kann.

Die innere Liebesbarriere

Ihr Unterbewusstsein nimmt auch Dinge auf, die Sie eigentlich gar nicht bemerken. Und es hat Eindrücke gespeichert, die Sie selbst schon lange vergessen haben.

Sehr oft sind daher Ihr Unterbewusstsein und ihr Bewusstsein nicht einer Meinung. Sie wollen etwas erleben, sind dem Leben gegenüber offen, sind neugierig und freuen sich. Doch Ihr Unterbewusstsein will Sicherheit, Kontinuität und es vermeidet Schmerz. So manche Erfahrungen, die Sie bisher gemacht haben, sind mit Schmerz verbunden. Zurückweisungen, Trennungen, Betrug, Verletzungen. Das wollen Sie natürlich nicht nur unbewusst, sondern auch bewusst künftig vermeiden. Doch Ihr Bewusstsein wäre risikoreicher. Weil Sie ja sagen: Ich will wieder einen Partner. Ihr Bewusstsein würde es wagen und den Schmerz riskieren, wenn auch etwas Gutes dabei herausschaut. Alleine für ein paar Stunden Glück. Doch das Unterbewusstsein ist nicht so offen und es ist meist stärker. Es reagiert jetzt und handelt jetzt. Und das kann manchmal ganz schön hinderlich sein, wenn man neues Terrain betritt. Es kann sogar so weit führen, dass man zum Eigenbrötler wird und lieber seine Ruhe haben will, um nur ja nicht wieder in diese schmerzlichen Situationen zu kommen. Alleine ist man besser dran, sagen sich viele und sehnen sich doch nach Liebe und Anerkennung. Sie müssen daher über das Unbewusste die Oberhand gewinnen.

→ Gewinnen Sie die Oberhand über Ihr Unbewusstes

Ein Beispiel dazu:

Sie holen sich beim Noodles-Stand an der Ecke eine Portion gebratene Nudeln mit Gemüse. Sie schauen sich kurz um und sehen: Alle Stehtische sind besetzt. Wobei, es gibt einen, an dem wäre noch genug Platz. Schließlich steht dort nur ein Einzelner. Und der sieht auch noch gut aus. Und eigentlich hätten Sie ohnehin gerne ein paar Minuten Pause gemacht, um durchatmen zu können und in aller Ruhe die dampfenden Nudeln zu genießen. Ohne gleich in den Bus zu steigen und im Gedränge wieder den Appetit zu verlieren. Doch Sie überlegen gar nicht lang. Das ist Ihnen jetzt zu viel – sich einfach zu jemandem dazuzustellen. Was, wenn er Sie tatsächlich anspricht? Und der will sicher seine Ruhe haben. Also nehmen Sie Ihre Tasche unter den Arm und hetzen weiter.

Zweite Variante: Weil Sie ausnahmsweise ein bisschen Zeit haben, stellen Sie sich an diesen Stehtisch. An den, der in solch ein merkwürdiges Licht getaucht ist ... oder bilden Sie sich das ein? Jedenfalls gehen Sie zu dem Tisch mit der attraktiven Person. Und tatsächlich, es dauert nicht lange, da fragt der Tischnachbar Sie nach dem Tabasco-Fläschchen, das Sie vom Stand mitgenommen haben. »Scharf!«, denken Sie und kommen tatsächlich ins Gespräch. Ihre Mimik signalisiert nicht unbedingt Interesse. Denn das erlauben Sie sich nicht. Doch das Gegenüber lässt sich davon nicht einschüchtern und erwähnt dessen sonntägliche Radrunde – Sie reagieren nicht, weil Sie da immer Ihre alte Großtante zum Spaziergang im Park verpflichtet, um Enten zu füttern. Dann spricht er von dem gelegentlichen Frühstück in dem schicken Lokal, das wegen seiner hervorragenden Waffeln und köstlichen Spiegeleier mit Speck der beste Start in den Tag ist. Ihnen läuft das Wasser im Mund zusammen, aber in der Früh haben Sie genug mit Ihren Katzen zu tun. Daher keine Reaktion. Kein Hinweis von Ihnen, dass Sie es lieben, lang und ausgedehnt zu frühstücken. Und so kann man Ihnen noch den einen oder anderen Happen anbieten, den Sie nur aufnehmen müssten… doch Sie lassen ihn ungenutzt und ungekaut liegen. Und als Sie – Ihre Nase immer tiefer in der Noodles-Box – den letzten Rest herausfischen, hat sich die Gelegenheit auf ein paar schöne oder interessante Stunden bereits verabschiedet.

Wie Sie selbst Ihr Schicksal steuern

Es geht darum, sich in gewissen Situationen zu öffnen – vor allem, wenn Sie insgeheim so eine Situation schon lange herbeiträumen – und dem Leben einfach seinen Lauf zu lassen. Ohne Angst, Sie könnten in eine Falle laufen oder es würde Ihr Leben durch ein kleines Gespräch plötzlich sehr kompliziert. Es geht darum, genau diese Feinheiten, die dem Leben eine interessante und freudige Komponente hinzufügen, dankbar aufzunehmen und Ihrem gewohnten Trott zu entkommen. In langsamen Schritten. Sie verpflichten sich zu nichts und Sie unterschreiben keinen Ehevertrag. Kosten Sie aus, was Ihr Leben freudiger macht! Sie selbst steuern, wie weit es geht!

Wenn man die Situation noch einmal durchspielt und diesmal bewusst das Unterbewusstsein in die Schranken weist: »Jetzt halt mal deine Klappe! Wenn ich einmal nicht Enten füttern gehe, werden die Viecher schon nicht verhungern!« Wie verläuft die Begegnung, wenn Sie Ihre Gesichtsmuskulatur entkrampfen und Ihren Lippen sogar ein verspieltes Lächeln entlocken. Und sich nicht von Ihren Gewohnheiten leiten lassen, die in Wirklichkeit das Leo im Versteckspiel des sozialen Lebens sind.

→ Gewohnheiten sind das Leo im Versteckspiel des sozialen Lebens

Sie ahnen schon, worauf ich hinaus will. Es liegt an Ihnen. Ja, Ihr Leben wird, wie Sie es wollen. Weil SIE es so wollen und danach handeln. Und nicht, weil Sie darauf warten, dass das Universum Ihnen die perfekte Beziehung ins Bett legt. Und dabei ist eben oft ein großer Unterschied zwischen dem, was wir uns einbilden zu wollen, und dem, wie wir wirklich leben.

Zur oben beschriebenen zweiten Variante kann ich daher nur sagen: Erkennen Sie sich selbst! Werden Sie sich bewusst, wie Ihr Leben aussehen soll! Wollen Sie es ändern und wollen Sie einen Partner? Dann schaffen Sie Platz dafür.

Zeitlich, indem Sie Ihren straffen Single-Terminkalender »situationselastisch«, wie man heute gerne sagt, gestalten. Ich weiß schon, den haben Sie sich aufgebaut, um aktiv zu sein und sich trotz Single-Dasein zu nehmen, was das Leben hergibt. Das muss nicht heißen, dass Sie nicht flexibel auf eine neue Situation – die Situation einer neuen Liebe – eingehen können.

Räumlich, indem Sie sich nicht den Standpunkt eintrichtern, Ihre privaten Bereiche, Ihre Wohnung, Ihre Laufstrecke, Ihr Fitnessstudio, Ihre Kletterhalle, was auch immer, seien Ihre persönlichen Rückzugsorte. Zu zweit sein, heißt auch, den Stil des anderen zuzulassen und Platz zu machen für Dinge, die einem anfangs fremd sind. Freunden Sie sich damit an, finden Sie Kompromisse.

Gedanklich, indem Sie die Angst ablegen, Ihr Leben könnte wieder so in Unordnung gebracht werden wie bei der letzten Enttäuschung. Angst davor, Ihr Selbst hergeben zu müssen. Angst vor Einschränkungen im alltäglichen Leben.

Die Angst vor Einschränkungen in der Partnerschaft müssen Sie nur haben, wenn Sie sich auch tatsächlich einschränken lassen. Niemand zwingt Sie, Ihr Leben auf den Kopf zu stellen. Es ist Ihr Leben und nur Ihres ganz allein! Wenn Sie eigentlich nichts ändern wollen und ein Partner ein Klotz am Bein ist, dann lassen Sie alles, wie es ist. Kein Problem. Aber vielleicht probieren Sie es einfach aus, schnuppern hinein in ein neues Leben, lassen sich überraschen. Und merken, dass alles ganz anders ist und Ihre Eigenheiten und seine Vorlieben sich sogar ergänzen. Wie es dann weitergeht, wissen Sie noch nicht, doch die Vorstellung davon spielt sich bereits so gut wie sicher in Ihrem Kopf ab. Doch nur weil Sie eine bestimmte Vorstellung davon haben, heißt es noch lange nicht, dass es sich auch so entwickelt. Im Gegenteil. Das Leben hat oft schöne Überraschungen parat – von denen nicht einmal das Universum etwas ahnt.

Und die andere Möglichkeit? Sie trauen es sich nicht zu, mit einem Fremden zu reden, sich zu verlieben, glücklich zu sein? Ein bisschen etwas müssen Sie schon dafür tun. Den Kopf einziehen und ab durch die Mitte funktioniert nicht. In den eigenen vier Wänden Zettelchen ans Universum schreiben mit den Vorzügen eines neuen Partners, sie in den Blumentöpfen verstecken oder im spirituellen Ritual verbrennen, ist ja schön und gut und kann Ihnen selbst klarmachen, was Sie wirklich wollen. Im Endeffekt ist es aber an Ihnen, hinauszugehen und offen zu sein.

Wie hat es der Beziehungsberater Gary Chapman so schön formuliert: Für die Liebe muss man sich entscheiden!

Sie wollen aber nicht aktiv sein, sondern es passieren lassen, sich ansprechen und umwerben lassen? Das ist schon in Ordnung. Wenn Sie innerlich bereit dafür sind. Wenn Sie Ihrem Unterbewusstsein vermittelt haben, wie attraktiv Sie sind und wie sehr Sie sich auf die Bekanntschaft mit neuen Leuten freuen. Dann wird es passieren! Weil Sie dann die Signale aussenden, die dafür nötig sind. Wo liegen die Unterschiede, fragen Sie sich? Ich sehe ja immer gleich aus, egal was ich denke. Mitnichten. Es gibt große Unterschiede im Auftreten je nach Wohlbefinden. Und da spreche ich noch nicht einmal von einer Haltung, die eindeutig signalisiert: Sprich mich nicht an! Wie zum Beispiel das demonstrative Wegdrehen bei Augenkontakt. Oder das ständige Beschäftigen mit dem Smartphone. Wenn Sie die E-Mail Ihrer Steuerberaterin schon zum vierten Mal lesen, um sich nur ja nicht mit Ihrer Umwelt auseinandersetzen zu müssen, können Sie die bewundernden Blicke rund um sich gar nicht bemerken. Welche der Blicke Sie dann erwidern, ist Ihre Entscheidung.

Es sind auch die kleinen, unbewussten und kaum steuerbaren Signale. Wenn Sie ängstlich sind, jeden Kontakt scheuen, werden Ihre Blicke eher Richtung Boden tendieren. Ihre Gestik ist dann verhalten und die Gesichtsmuskulatur eher schlaff. Sie wirken abwesend auf Ihre Umwelt. Das spiegelt sich im fehlenden Glanz Ihrer Augen wider. Überprüfen Sie sich, welche weiteren Merkmale, die mangelndes Interesse signalisieren, Sie persönlich haben. Aber noch besser: Suggerieren Sie sich, Ihrem Unterbewusstsein Offenheit für ein neues Leben.

→ Suggerieren Sie sich Offenheit für ein neues Leben

Die Kraft des Unterbewusstseins I

Wozu braucht man ein Universum, das einem die Dinge in den Schoß legt, wenn man sich selbst hat? Denken Sie an leckeres Essen, an Ihre Lieblingsspeise oder eine Riesenportion Süßes, das Sie auf der Stelle verschlingen könnten … Merken Sie, wie Ihnen das Wasser im Mund zusammenläuft? Ihr Körper reagiert also auf Ihre Vorstellungen.

Sie erkennen diese Reaktion auch, wenn Sie sich vor Ihrem inneren Auge beim Liebesspiel mit der flüchtigen Bekanntschaft von gestern Abend sehen. Das brauche ich wohl nicht näher zu erläutern. Ihr Körper reagiert auf die Bilder im Kopf und nicht nur der Körper, ihr Gehirn, das Sprachzentrum, die Muskulatur, die Nervenbahnen, alles gehorcht der Situation, die Sie sich gerade vorstellen. Und umgekehrt ist es genauso: Lassen Sie den Kopf nicht hängen. Gehen Sie aufrecht und Sie werden sich sofort selbstbewusster und besser fühlen.

Worum es geht, ist: Was Sie von sich halten, welche Meinung

Sie von sich haben, ist entscheidend, um im täglichen Leben erfolgreich zu sein. Überzeugen Sie sich von sich!

→ Überzeugen Sie sich von sich

Wenn Sie vorhaben, eine nette Bekanntschaft zu machen, die Sie wenn möglich heiraten und mit der Sie eine Familie gründen wollen, dann sagen Sie sich das. Suggerieren Sie sich ihre Überzeugung, bereit zu sein für eine liebevolle, romantische Beziehung. Schreiben Sie sich auf einen Zettel, den Sie zum Beispiel auf Ihr Nachtkästchen legen und sich täglich vorsagen, einige Sätze wie:

- Ich sehe gut aus, habe eine tolle Ausstrahlung und bin ein interessanter Gesprächspartner. Es ist daher für mich ein Leichtes, mit interessanten Männern/Frauen in Kontakt zu kommen. Dabei komme ich mit meiner Fröhlichkeit und Offenheit gut an.
- Ich werde mit jedem Tag selbstbewusster im Umgang mit meinen Mitmenschen. Ich freue mich darauf, neue Leute kennenzulernen, und gehe offen auf sie zu.
- Ich bin erfüllt von den Dingen, die mir Freude bereiten. Ich fühle mich wohl in meiner Haut und genieße das Leben. Wenn der/die Richtige kommt, erkenne ich ihn/sie und öffne mich für die Liebe.

Wissen Sie, was passieren wird, wenn Sie sich Ihre positiven Eigenschaften verbunden mit Selbstbewusstsein verinnerlichen? Ihr Gesichtsausdruck wird sich verändern, ohne dass Sie es bemerken. Ihre Ausstrahlung wird eine ganz andere. Ihre Wahrnehmung wird sich anpassen. Ihr Verhalten auf der Straße, Ihre Reaktionen auf bestimmte Situationen werden sich verändern. Sie müssen sich dazu nicht verstellen. Und lassen Sie sich nicht entmutigen. Da es alleine an Ihnen liegt, die Chance zu ergreifen, wenn Sie sich bietet, und nicht ein Universum Ihnen Ihren Lebenspartner noch am selben Tag vor die Nase stellt, sollten Sie Geduld haben und jeden Tag genießen, den Sie mit Ihrer neuen Einstellung, Ihrer offenen Art leben können. Denn Sie werden auch ohne die Erfüllung dieses einen Wunsches viele gute Erfahrungen machen. An manchem Abend trinken Sie vielleicht Ihr Glas Wein beim Italiener alleine. Lassen Sie es sich schmecken und gehen Sie mit dem guten Gefühl nach Hause, dass nach diesem Tag wieder ein neuer kommt. Es gibt keinen Grund, etwas zu überstürzen.

Und ich verspreche Ihnen, wenn Ihnen bewusst ist, dass Sie offen für die Partnersuche sind und dabei Erfolg haben werden, dann können Sie schon bald zwischen mehreren Dates wählen. Denn Sie werden nicht nur einen kennenlernen. Im Gegenteil, mit der Zeit werden Sie überrascht sein, auf welch interessante, witzige und überraschende Art man Menschen kennenlernen kann. Und wenn Sie es wollen, dabei aber nicht mit der Brechstange vorgehen, sondern sich selbst treu bleiben, wird die eine oder andere dieser anfangs gelegentlichen Begegnungen Bestand haben. Sie werden aber auch erkennen, dass nicht jede neue Bekanntschaft ein Partner fürs Leben ist. Dann werden sie entweder wieder getrennte Wege gehen oder eben Freunde gewinnen, die einfach Freunde sind. Aber seien Sie sich bewusst: Sie haben es in der Hand. Sie entscheiden.

Aller Anfang …

Damit es zu einer Beziehung kommt, braucht es das berühmte erste Date – das ist aber noch nicht alles. Es braucht auch das zweite Date, das dritte und so fort. Das kennen Sie, oder? Und Sie kennen die Vorfreude darauf. Als Mann kaufen Sie Blumen, suchen ein schickes Restaurant aus, überlegen, wo man in der Gegend nach dem Essen gemütlich flanieren kann, sagen Termine ab, um sich ja noch rechtzeitig vorher zu Hause in Schale werfen zu können. Als Frau lassen Sie sich vom Figaro Ihres Vertrauens noch verschönen. Möglicherweise sind auch Sie es, die das schicke Restaurant aussucht und den Kellner darauf hinweist, dass die Kerze am Tisch davor nicht schon einmal gebrannt haben darf. Wenn Sie Kinder haben, sind Sie überglücklich, dass die Nanny an dem Tag länger bleiben kann.

Und dann sagt das Date eine Stunde vor dem Treffen ab. Aus einem durchaus plausiblen Grund, Grippevirus, plötzliche dringende Dienstreise, Nanny hat abgesagt, Wasserrohrbruch, Wohnung steht in Flammen ... Warum auch immer, das Date ist ins Wasser gefallen. Sie können es gar nicht glauben. Immer wieder starren Sie auf die SMS, den WhatsApp-Text oder hören sich die Nachricht auf der Mailbox an, weil Sie sich gerade, als der Anruf kam, die Haare geföhnt haben. Wie war das mit *Bestellungen beim Universum*, *The Secret* und wie sie alle heißen? Visualisieren, Gefühle erzeugen, sich darauf freuen – Check. Alles gemacht. Und doch ist nicht zu verhindern, dass etwas dazwischenkommt.

Vielleicht kommt hier eher ein anderes Gesetz als das der Anziehung zum Tragen, das von Murphy: Shit happens! Aber zur Beruhigung: Wenn die Begründung für die Absage echt und nicht nur Ausrede war, wird der zweite Anlauf für das erste Date sicher genauso schön.

Doch der Wunsch nur EINES Partners genügt nicht. Auch wenn Sie noch so oft visualisieren, dieser Mensch säße mit Ihnen am Sofa vor dem Fernseher, ginge mit Ihnen durch den Park und küsste Sie leidenschaftlich. Warum auch ein Universum sich hier oft machtlos zeigt, liegt daran, dass es für eine glückliche Partnerschaft immer ZWEI Menschen braucht. Wenn die andere Hälfte die Beziehung nicht will, für sie die Chemie einfach nicht passt, sie andere Vorstellungen hat von dem Menschen, mit dem sie ihr Leben verbringen will, oder diese andere Hälfte zur Zeit einfach genug hat von Beziehungen und sich selbst finden will … dann können SIE sich verrückt wünschen – es wird nicht funktionieren.

Liebe muss sich beidseitig entwickeln, sonst hat sie keine Chance. Sie müssen erkennen, wie es damit steht. Wenn der potenzielle Partner einfach andere Vorstellungen von der Beziehung mit Ihnen hat – oder gar keine. Wenn Sie das erkennen, ziehen Sie die Konsequenz daraus. Jemandem unangemessen hinterherlaufen, schadet Ihnen selbst am meisten. Es nimmt Ihnen Ihre Würde und die Möglichkeit, Ihr Leben nach dem Menschen zu orientieren, der Ihre Liebe verdient hat.

Der Glaube an die Liebe zählt

Eine Freundin erzählte mir eines Tages von ihrer neuen Beziehung. Ein toller Mann sei er, der sich sehr um sie bemühe, mit dem sie stundenlang reden und auch schweigen könne. Sie hätten ähnliche Interessen, seien beide sportlich und gingen gerne gut essen – kurz gesagt: Sie war hingerissen von ihm. Doch nach ihren begeisterten Erzählungen sagte sie: »Ich werde die Zeit jetzt so richtig genießen, denn nach einem Jahr ist sowieso wieder alles aus.« Ich war kurz sprachlos, fragte dann aber, warum es dazu kommen müsse. »Viel länger hält so etwas nicht. Ich bin einfach realistisch.« Aber was ist denn das für eine Realität, an die sie glaubt? Es ist ihre eigene Realität, die allerdings auch ganz anders sein könnte.

In manchen spirituellen Büchern wird behauptet, dass man sich die eigene Welt auch mit unverfänglichen Gedanken erschafft, weil das Universum solche Gedanken als Wunsch verstehen würde. In Wahrheit steuern die eigenen Erwartungen das eigene Verhalten und lenken die Geschehnisse in die jeweilige Richtung.

Ein kleiner Seitensprung zum Sport soll das veranschaulichen. Denn die Reaktionen unseres Körpers auf eine Herausforderung spüren wir sofort. Hingegen unser Verhalten zu durchschauen, ist schon weitaus schwieriger und langwieriger. Im Endeffekt kommt es aber aufs Gleiche hinaus: Auch das eigene Leistungsvermögen passt sich an die persönlichen Erwartungen an. Wie lange Sie körperlich durchhalten, wird auch von Ihrem Vorsatz, Ihrer Erwartung beeinflusst. Wenn Sie Laufen gehen, nehmen Sie sich an einem Tag zehn Kilometer vor. In den letzten Kilometern der Strecke werden Sie schon an die angenehme Dusche, das Müsli und die Erfrischungsgetränke denken und froh sein, wenn Sie es geschafft haben. Nehmen Sie sich anderntags vor, eine gemütliche Runde, sagen wir in der Länge von fünf Kilometern, zu drehen.

Auch dann werden Sie beim letzten Kilometer schon ans Aufhören denken und sich sagen: »Na, für heute reicht's erst einmal.« Das Gleiche gilt für Fitness-Übungen. 20 Crunches? Oder 30? Egal, wie viele Sie sich vornehmen, wenn es keine übertriebene Anforderung ist, werden Sie danach denken, mehr wäre nicht gegangen. Sie spüren bereits das Ziehen in der betreffenden Körperregion. Daher hat der Boxer Muhammed Ali erst zu zählen angefangen, wenn er erste Belastungsschmerzen in den Muskeln gespürt hat. Denn ab dann motiviert das Zählen bis zehn zu mehr Leistung, als man sich eigentlich vorgenommen hätte. Doch zurück zur Partnerschaft!

Was, glauben Sie, wird sich im Verhalten meiner Freundin ändern, wenn ein Jahr der Beziehung um ist? Wird sie unsicher werden? Dem Partner nicht mehr zuhören, weil sie nervöser wird? Selbst nicht mehr so offen von ihren Dingen erzählen? Wird sie misstrauischer und eifersüchtiger, weil sie denkt, jetzt würde die Zeit kommen, wo er sich nach einer anderen umsieht? Wird Sie seinen Liebesschwüren nicht mehr glauben können? Ihm über WhatsApp keine Kuss-Smileys mehr schicken, um am Ende nicht blöd dazustehen? Werden Ihre Zärtlichkeiten weniger?

→ Zweifel erzeugen Zweifel

Wie würden Sie sich verhalten, wenn Sie meinen, dass die schöne, vertrauensvolle Zeit bald vorüber ist? Möglicherweise fangen Sie öfter einen Streit an und beide wissen eigentlich nicht, was los ist. Es geschieht aus der Unsicherheit heraus. Aber in einer Beziehung muss man sich fallen lassen können. Natürlich wird man immer wieder verletzt. Aber man muss sich dennoch wieder und wieder darauf einlassen, denn wenn man nicht mehr verletzt werden kann, bedeutet das, dass man sich nicht voll öffnet und sich die Liebe nicht entfalten kann.

→ Liebe entfaltet sich nur, wenn Sie sich darauf einlassen

Zu wünschen ist meiner Freundin, dass sie ihre Meinung ändert und so sehr von ihrem Freund und seiner Liebe zu ihr überzeugt ist, dass sie nicht mehr an das eine Jahr denkt. Sondern eine Open-End-Beziehung führen kann. Ohne die negativen gedanklichen Einflüsse. Denn sie entspringen nicht der Realität, sondern spiegeln rein die eigenen Ängste wider. Und Zweifel können nur wirken, wenn Sie sich von ihnen leiten lassen.

Werden Sie nicht eins mit dem Partner

Liebe kann sich also nur entfalten, wenn Sie sich öffnen und nicht bei kleinsten Kleinigkeiten an das Ende der Beziehung denken. Aber dieses Öffnen bedeutet: zur Beziehung stehen und sie in Ihr Leben integrieren. Nicht umgekehrt. Integrieren Sie nicht Ihr Leben in die Liebe. Die Liebe, so schön sie ist und so erstrebenswert, ist nur ein Teil Ihres Lebens. Die anderen Teile sind Ihre Freunde, Ihre Familie, Ihre Interessen, Ihre Hobbys, Ihr Job, der Sie hoffentlich erfüllt und den Sie gerne machen. Sie sind nur ein Ganzes, wenn Sie die anderen Teile nicht plötzlich weglassen. Dann sind Sie nur verliebt. Und haben einen Partner. Doch so sehr Sie mit ihm nur noch von Wolke zu Wolke springen wollen, auf Dauer genügt das nicht. Verlieren Sie wegen einer Beziehung Ihre Selbstständigkeit nicht!

→ Verlieren Sie Ihre Selbstständigkeit nicht

Nicht nur, weil Sie dann irgendwann wieder auf der Erde landen und erkennen werden, dass von Ihrem einstigen Leben, das Sie liebten und in dem Sie sich wohl fühlten, nicht mehr viel übrig geblieben ist. Weil Sie Ihr Leben den partnerschaftlichen Interessen komplett untergeordnet haben. Weil Sie alles gemeinsam machen und keinen Schritt mehr tun, ohne den Partner an der Hand zu halten. Überprüfen Sie, ob Sie vergessen haben, was Sie selbst ausmacht. Ihre Stärken und Ihre Schwächen. Ja, auch die Schwächen lassen Sie sich nicht nehmen. Vor allem nicht, an ihnen zu arbeiten. Denn sie gehören genauso zu Ihnen. Und sich etwas, nur weil man es nicht gut kann, aus der Hand nehmen lassen, ist ein großer Schritt in die Abhängigkeit. Auch damit verschwindet ein

Teil Ihrer Persönlichkeit. Besonders in Partnerschaften passiert es viel zu schnell, dass man sich aufgibt, um eine Einheit mit dem Partner zu bilden.

Die Partnerschaft sollte nicht zu einem Käfig werden, selbst wenn er vielleicht vergoldet wäre. Und sie darf keine Verpflichtung werden. Das ist der falsche Weg. Er führt in die falsche Richtung: in ein Leben ohne eigene Hobbys und Leidenschaften, die einem einst Freude machten. In ein tristes Nebeneinanderleben ohne Eigenständigkeit. Es ist gut und richtig, sich zu verlieben und dem Partner Zeit zu widmen. Das will der Partner auch. Was er nicht will, ist eine Marionette, die sich ab jetzt nur noch bewegt, wenn man an den Fäden zieht. Er liebt Sie um Ihrer selbst willen, nicht wegen Ihrer Selbstaufgabe.

→ Sie werden um Ihrer selbst willen geliebt

Einer Arbeitskollegin von mir passiert das immer wieder. Ist sie Single, hat sie ein ausgefülltes Leben. Kaum lernt sie jemanden kennen, krempelt sie ihren Terminkalender um und streicht alles, was ihr Zeit für den Neuen nimmt. Yoga? – keine Zeit mehr. Malkurs? – geht sich nicht aus. Lesen? – aber er will doch gemeinsam fernsehen. Will er wirklich? Nach kurzer Zeit distanziert sich der Partner von ihr, weil er merkt, dass sie sich in ein Abhängigkeitsverhältnis begeben hat.

Fragen Sie sich daher regelmäßig, wenn Sie in einer Partnerschaft sind, aber auch wenn Ihnen andere Lebenssituationen die Luft nehmen: Bin ich auch noch für mich da? Falls nein, besteht die Gefahr, dass Ihre neue Bekanntschaft über kurz oder lang wieder das Weite sucht. Denn 90 Prozent der Personen, die sich in eine neue Liaison wagen, wollen nicht, dass sich der Partner verändert. Mit Veränderung meine ich, sich zu vernachlässigen, nur weil man jetzt zu zweit ist. Zum Zeitpunkt des Kennenlernens haben die Funken gesprüht. Damals war man ein Mensch, der – auch alleine – mit beiden Beinen fest im Leben stand. Eine vielfältige Persönlichkeit mit so vielen Facetten. Warum verändert man sich also? Eine Beziehung bedeutet nicht, 24 Stunden Händchen haltend durch den Park zu spazieren. Eine Beziehung bedeutet, sich Kraft zu geben, mit einer selbstverständlichen Vertrautheit. Neben all den Dingen, die einen sonst beschäftigen.

Merkt der Partner, dass Sie seinetwegen Selbstaufgabe betreiben, bekommt er ein schlechtes Gewissen. Hat er das verursacht? Hat er Ihnen Ihre Selbstständigkeit und Lebensfreude genommen? Und er beginnt an die Zukunft zu denken: Wo wird das hinführen? Will er mit jemandem zusammenleben, der mit der Zeit immer uninteressanter wird und der an einem hängt wie eine Klette?

Die meisten wollen das nicht. Wenn Sie sich Ihre letzten Beziehungen ansehen: Haben sie stark begonnen und ist es mit ihnen leider auch wieder stark bergab gegangen? Weil die Gefühle des anderen plötzlich wieder versickert sind? Oft liegt es daran, dass Ihr Partner kein Kindermädchen für Sie sein will und nicht schuld sein will am Ende Ihres früheren Lebens.

Kein Glück ohne Risiko

Verlieben Sie sich immer in die Falschen? In die, die eigentlich unerreichbar für Sie sind? Die verheiratet sind oder am anderen Ende der Welt leben? Oder wenigstens am anderen Ende der Stadt? Schlagen bei Ihnen gerade für die Menschen die Flammen der Leidenschaft besonders hoch, bei denen es von vornherein sehr unwahrscheinlich ist, dass es einmal ein Happy End mit Feuerwerk gibt? Und passiert Ihnen das immer wieder? Und haben die Menschen, mit denen eine Beziehung recht einfach möglich wäre, die Sie umwerben und Ihnen Komplimente machen, keine Chance bei Ihnen?

Vielleicht schlägt hier wieder einmal das Unterbewusstsein durch. Es ist unsicher. Sie haben vielleicht noch keine oder keine guten Erfahrungen mit einer länger dauernden engen Beziehung gemacht. Und doch sehnen Sie sich nach einem Partner, der Ihnen Tag für Tag seine Zuneigung zeigt.

Der bewusste Teil der Psyche kann viel wollen. Wenn das Unterbewusstsein nicht bereit ist, wird es aber nicht gehen. Wenn dessen Angst vor einer Beziehung größer ist als der Wunsch danach, dann entstehen seltsame Konstellationen, die versuchen, beide zu befriedigen: Bewusstsein und Unterbewusstsein.

Wie die Psychologin Andrea Jolander schreibt, kann man das mit dem Star-Anhimmeln von pubertierenden Jugendlichen vergleichen. Es handle sich im Fall der Teenager um eine Art »Probeliebe«. Sie können Ihren Star anhimmeln, begehren, Poster aufhängen, Fanbriefe schreiben – mit vielen Herzen und roten Lippen drin. Und vor allem davon träumen, wie ihr Schwarm sie auf die Bühne holt und mit ihnen im gleißenden Licht der Scheinwerfer Hand in Hand davongeht. Passieren wird es nicht. Und das ist gut so. Wären die Teenager wirklich zu einer Beziehung bereit, würden sie sich in jemanden verlieben, bei dem es auch tatsächlich dazu kommen kann.

Was für Jugendliche also eine gute Möglichkeit ist, sich mit ihren aufkeimenden Gefühlen auseinanderzusetzen und sie kennenzulernen, ist bei Erwachsenen ein Warnsignal. Die eigene Entwicklung sollte schon so weit gereift sein, dass man stabile Beziehungen ohne Angst eingehen kann. Ist das nicht so, hilft einmal mehr die bewusste Auseinandersetzung mit sich selbst. Programmieren Sie Ihr Unterbewusstsein neu, indem Sie sich auf das »Abenteuer« Partnerschaft einlassen. Überlegen Sie sich genau, warum Sie jemanden ablehnen, der eine große Wohnung in Ihrer Nähe hat, ungebunden ist und Sie auf Händen tragen möchte. Wenn Sie ihn nicht attraktiv finden, lassen Sie es. Wenn die Chemie nicht stimmt, weisen Sie ihn höflich, aber bestimmt ab. Wenn Sie ihn absolut nicht leiden können, schießen Sie ihn auf den Mond!

Aber wenn Sie feuchte Hände bekommen, wenn Sie ihm begegnen, sich aber unsicher sind und fieberhaft Ausreden suchen, warum Sie mit ihm keinen Kaffee trinken gehen, dann probieren Sie es doch einfach. Hören Sie einmal nicht auf die Stimmen in Ihrem Kopf und nutzen Sie die Chance, eine neue Erfahrung zu machen. Es kann nichts passieren. Und wenn diese Erfahrung Ihre bisherigen übertrifft und positiv verläuft, geben Sie damit auch Ihrem Unterbewusstsein eine erste Kostprobe, an der es sich neu orientieren und Sicherheit erlangen kann. Und wenn es dann, wie Sie, auch Geschmack daran findet, wird es sich auch nicht mehr zur Wehr setzen.

Eine lange Beziehung bedeutet nicht das Ende

Der Mensch für sich allein genommen ist schon kompliziert genug gestrickt. Wie soll das dann zu zweit funktionieren? Jeder hat so seine Eigenheiten. Und die werden mit den Jahren nicht weniger, sondern mehr. Das liegt einfach an den Erfahrungen, die wir machen. Das ist eigentlich positiv. Unser Charakter zeigt uns, wie wir leben wollen. Jedes Erlebnis formt uns. Und neue Verhaltensweisen entwickeln sich, wenn uns Erfahrungen dementsprechend prägen. Es stimmt schon, dass junge Menschen, Teens, Twens, viel unbekümmerter in eine Beziehung gehen. Was macht es, wenn der oder die andere unordentlich ist und vom Aufräumen der

Wohnung nicht viel hält. Sie haben sich möglicherweise beim ersten Lover nicht viel dabei gedacht, wenn er sich mit Freunden die Nacht um die Ohren geschlagen hat.

Doch in einer ernst zu nehmenden Beziehung passt es einfach nicht mehr, wenn der Partner regelmäßig betrunken nach Hause kommt. Sie wollen es nicht mehr und müssen es auch nicht hinnehmen. Mussten Sie damals schon nicht, aber Sie kümmerten sich auch nicht darum. Und wir achten irgendwann auch darauf, ob der/ die Neue ein gepflegter Mensch ist. Ob er seine Rechnungen bezahlen kann und ob er bei den Dates pünktlich ist oder regelmäßig zwanzig Minuten zu spät kommt. Je älter wir werden, desto mehr Erfahrungen machen wir. Wir lernen daraus, ziehen unsere Schlüsse und lassen sie in unser Verhalten einfließen.

Daraus ergeben sich für uns zwei Sichtweisen: Die Sicht auf das eigene Ich und die Sicht auf den Partner.

1. Das eigene Ich: Überlegen Sie, ob Ihr Verhalten übertrieben ist. Ob Sie sich Ihre Erlebnisse zu sehr zu Herzen genommen haben und davon ihr weiteres Leben zu stark beeinträchtigt wird. Unverhältnismäßig stark. Ob die eine Erfahrung, die Sie gemacht haben, es wert ist, dass Sie deshalb auf angenehme Dinge verzichten. Vielleicht als Beispiel: Sie hatten beim letzten Ägyptenurlaub Durchfall und reisen daher nie wieder ans Meer. Oder Ihr letzter Freund hat Sie ständig auf die höchsten Berge geschleppt und Sie verweigern deshalb Ihrer neuen Liebe einen Urlaub auf einer romantischen Almhütte. Entdecken Sie mit einem neuen Partner auch die Partnerschaft und deren Annehmlichkeiten neu!

2. Ihr Partner: Auch Ihr Partner hatte seine eigenen Eindrücke, die ihn geformt haben. Und das sind bei fortschreitendem Alter nicht wenige. Deshalb kommen Ihnen seine Spleens und Eigenheiten oft seltsam vor. Sind für Sie nicht nachvollziehbar. Klar, Sie haben seine Erfahrungen ja auch nicht gemacht. Sie waren nicht

dabei, als passiert ist, was ihn geprägt hat. Sie können es ihm daher auch nicht wegnehmen. Auch nicht bedenkenlos wegwischen und sagen: «Stell dich nicht so an!«

Damit geben Sie ihm nur das Gefühl des Nicht-Verstehens. Sie treiben ihn in die Enge, wenn Sie fordern, er solle sich anders verhalten. Wie soll er denn, er handelt doch aus Überzeugung und nicht weil er vorhat, Sie zu ärgern. Er handelt so, weil er, wenn wir mit Blick auf die Steinzeit sprechen, sein Überleben sichern will. Der Jäger hat sich damals aus Unachtsamkeit von einem Säbelzahntiger überraschen lassen. Nur mit viel Glück ist er entkommen. Das passiert ihm kein zweites Mal.

Sie können stolz auf Ihren Partner sein, weil er lernfähig ist und eine unangenehme Situation nicht wiederholen möchte. Aber natürlich kann dieses Verhalten, das Ihnen merkwürdig vorkommt, auch belastend sein für die Beziehung. Sie müssen es daher nicht unbedingt stillschweigend hinnehmen. Wenn Sie damit nicht zufrieden sind, reden Sie darüber. Aber nicht, was denn dieser Blödsinn solle oder: Ob er sich denn nicht normal benehmen könne? Sondern indem Sie liebevoll und interessiert nachfragen, warum er denn handle, wie er handle. Es wird eine Geschichte dahinter geben. Wenn Sie diese Geschichte kennen, werden Sie die Eigenheit des Partners auch mit anderen Augen sehen. Und was noch passieren wird: Ihr Partner, wird mit dem Erzählen darüber nachdenken, ob sein Verhalten jetzt, nach all den Jahren und mit Ihnen als neuem Partner, überhaupt noch angemessen ist.

Ich habe auch die Erfahrung gemacht, dass die Beziehungen am besten funktionieren, bei denen der eine Teil der Partnerschaft liebevoll über die Macken des anderen spricht. Darüber lächeln kann, aber auf eine Art und Weise, an der man merkt, dass derjenige die Eigenheit des anderen zu schätzen weiß. Etwa, wenn der Mann besonders tollpatschig ist und seine Partnerin ihn genau deshalb so süß findet. Das ist der richtige Zugang. Denn je mehr sich unser Tollpatsch bemühen würde, desto mehr Gläser und Teller und Vasen würden zu Bruch gehen. Und er würde verzweifeln über sein Ungeschick, wenn Sie ihm jedes Mal zeigen würden, wie schrecklich das für Sie ist. Wenn Sie Ihren Partner lieben, lieben Sie ihn um seinetwillen.

→ Lieben Sie Ihren Partner um seinetwillen

Wenn Sie sich nicht sicher sind, wie Sie das neu erlernen können, versuchen Sie es auf diese Weise:

Setzen Sie sich vor Ihren Laptop oder nehmen Stift und Papier zur Hand. Schreiben Sie auf, was Sie an Ihrem Partner schätzen, was Sie an ihm lieben. Was für Sie das Besondere an ihm ist, warum Sie mit ihm zusammen sind. Schreiben Sie seine guten Seiten auf, seine liebenswürdigen. Welcher Gesichtsausdruck gefällt Ihnen an Ihrem Partner? Bei welchen Gedanken an ihn müssen Sie schmunzeln? Schreiben Sie das nicht nur heute auf. Schreiben Sie es während der nächsten 20 Tage jeden Tag auf. Oder jeden Tag eine neue Einzelheit, die Ihnen an ihm positiv auffällt. Rufen Sie sich die Stärken Ihres Partners ins Gedächtnis. So werden Sie dessen Eigenheiten noch mehr schätzen und Ihre Liebe für ihn wird noch zunehmen.

Probleme kann es immer geben, ausgelöst durch Stress oder durch schwierige Lebensphasen oder weil wir mit uns selbst genug zu tun haben. Aber wenn Sie sich diese positiven Eigenschaften der Person, die Ihnen wichtig ist, vor Augen führen, werden Sie auch wieder liebevoller auf sie zugehen. Ihr Partner wird diese Liebe spüren, sich dabei wohl fühlen, darüber nachdenken und schließlich selbst die dunklen Wolken beiseiteschieben. Hat man sich mit der Zeit voneinander entfernt, ist damit ein guter Anfang gemacht, sich wieder anzunähern.

Aufstehen und weitermachen – eine Zusammenfassung

Das Leben hält Enttäuschungen parat. Für jeden. Wir machen im Leben gute und weniger gute Erfahrungen. Und die weniger guten können ganz schön wehtun. So richtig wehtun. So weh, dass man sich fragt, warum man das alles eigentlich notwendig hat und wann endlich dieser Schmerz wieder aufhören wird. Hat dieser Schmerz mit dem Tod eines lieben Menschen zu tun, ist es richtig, zu trauern. Mit der Zeit lernt man mit dem Verlust umzugehen und die schönen Erinnerungen im Herzen zu behalten.

Hat der Schmerz aber mit einer Begebenheit zu tun, die sich wiederholen könnte, reagiert unser Unterbewusstsein. Es will uns schützen und hilft mit, dass sich dieser Schmerz möglichst nicht wiederholt. Aber das führt dazu, dass wir uns immer mehr zurückziehen und uns immer weniger zutrauen.

Sie versuchen etwa in der Arbeit einmal etwas Neues. Sie haben eine Idee und ziehen sie durch. Sind total innovativ. Doch das Ganze ist vielleicht noch nicht ausgereift oder geht einfach wirklich daneben. Die Schelte Ihres Chefs und die Häme der Kollegen sind Ihnen sicher. Sie empfinden Stress, Ärger, fühlen sich gedemütigt. Im Extremfall sagen Sie sich, so etwas nicht noch einmal zu machen – geleitet von ihrem Unterbewusstsein, das solch eine unangenehme Situation unter keinen Umständen mehr erleben will. Ab jetzt gilt Dienst nach Vorschrift. Das bedeutet: Sie überlegen sich nichts mehr, bringen sich nicht mehr so ein, verscheuchen aufkeimende Ideen sofort. Sie fühlen sich in der Arbeit wie ein Roboter. Ihr Chef merkt, dass von Ihnen kein besonderes Engagement mehr zu erwarten ist.

Wem ist mit dieser Reaktion gedient? Nur ihrem Unterbewusstsein, das die negative Erfahrung einfach nicht vergessen kann und sie vermeidet. – Außer es erlebt die gleiche oder zumindest eine ähnliche Erfahrung im gleichen Umfeld und unter wiedererkennbarer Ausganglage. Nur ist diesmal das Ergebnis ein anderes. Ihre Idee funktioniert. Sie werden vom Chef gelobt und ihre Kollegen nicken Ihnen anerkennend zu. Davon ist das Unterbewusstsein angetan. Glückshormone werden aktiviert. So etwas wollen Sie bald wieder erleben und freuen sich schon auf die nächste Gelegenheit. Und arbeiten auch daran, dass sie bald eintritt.

→ Überlagern Sie die negative Erfahrung mit einer positiven

Ähnlich ist es beim Thema Beziehungen. Sie wurden enttäuscht. Die letzte Beziehung hat nicht geklappt. Schlimmer noch, Sie wurden belogen und betrogen und können es immer noch nicht fassen, dass Sie diesem Menschen vertraut haben. Vielleicht war es nicht die erste Enttäuschung. Vielleicht war es eine sehr lange Beziehung und Sie haben den Glauben verloren, dass es das ewige Glück mit einem Partner überhaupt gibt. Wie soll man sich mit solchen Gefühlen auf etwas Neues einlassen? Aber: Es sind nicht alle gleich. Auch wenn sich gewisse Verhaltensweisen immer wieder zu wiederholen scheinen, sollten Sie nicht in jedem neuen möglichen Partner nur einen Klon des anderen sehen. Projizieren Sie Ihre alte Erfahrung nicht auf die neue Bekanntschaft. Menschen haben so viele Facetten. Keiner ist wie der andere. Und es lohnt sich, sich diese Facetten einmal näher anzuschauen. (Keine Sorge, der Neue hat wieder andere Macken …)

Diese einfache Weisheit bringt Ihr Unterbewusstsein nicht weiter. Es mag trotzdem nicht mehr. Die Enttäuschungen sind einfach zu viel geworden. Sie ziehen sich zurück. Wollen nur Ihre Ruhe, sonst nichts. Das ist verständlich und diese Zeit sollten Sie sich auch nehmen. Doch Sie werden auch misstrauischer. Würden sich lieber den kleinen Finger abschneiden, bevor Sie sich wieder zu schnell fallen lassen. Bevor Sie jemandem zeigen, dass Sie durchaus Interesse an ihm hätten. Vielleicht ist es sogar Ihre kleine persönliche Rache an dem, der Sie sitzen hat lassen, dass Sie dem Neuen die kalte Schulter zeigen. Sie reden sich ein, alleine besser dran zu sein. Und tatsächlich ist das Single-Dasein im 21. Jahrhundert eine immer verbreitetere Lebensform. Ob freiwillig oder unfreiwillig ist nicht genau erforscht. Jedenfalls ist die Zufriedenheit von Singles seit den 70er-Jahren des vorigen Jahrhunderts gestiegen. Vermutlich weil alleine leben damals gesellschaftlich nicht so anerkannt war. Es gibt aber auch viele Studien, die sagen, dass alleine leben krank macht. Und zwar dann, wenn man es nicht als Freiheit, sondern als Einsamkeit empfindet. Dann können Schlafstörungen oder Herz-Kreislaufprobleme auftreten und depressive Stimmungen werden womöglich krankhaft.

Aber all das ist Ihrem Unterbewusstsein herzlich egal. Das nimmt es in Kauf, um nur ja nicht wieder enttäuscht zu werden.

Aber ist es das wert? Es wird Zeit, dem Unterbewusstsein ein Schnippchen zu schlagen. Dazu gehört allerdings eine Portion Mut. Sie programmieren sich nach einer Enttäuschung neu. Nachdem Sie den Schmerz der Enttäuschung durchlebt haben, danken Sie dem Leben für diese wichtige Erfahrung, machen Sie ein Paket draus und verstauen Sie es in Ihrer Vorstellung irgendwo in einer Schublade, lassen Sie es in einem Fluss davonschwimmen oder schicken Sie es ins Weltall. Hauptsache, diese alte Erfahrung stört Sie nicht mehr. Und dann machen Sie, worauf Sie Lust haben. Wenn Sie nicht alleine sein wollen, versuchen Sie es noch einmal. Dann wird auch diese neue Erfahrung, wie immer sie auch endet, ein wertvoller Teil Ihres Lebens werden.

6. Nur ich?

Ein Freund, ein guter Freund

Was ist Ihnen in Ihrem Leben am Wichtigsten? Solche Umfragen werden in regelmäßigen Abständen veröffentlicht, herausgegeben von Meinungsforschungsinstituten und Statistikbüros. Vor allem junge Erwachsene werden gerne nach ihren Ansichten, Werten und Wertigkeiten gefragt. Um zu sehen, wo es hingeht mit unserer Gesellschaft. An oberster Stelle platziert ist regelmäßig: gute Freunde. Die jungen Leute haben die richtige Vorstellung, wie man das Leben am besten meistert. Denn wir Menschen brauchen die Kommunikation, brauchen das Gefühl, von Zweiten und Dritten beachtet zu werden. Es entsteht eine regelrechte Leere in uns, wenn wir uns einem Freund dringend mitteilen wollen, aber keiner greifbar ist. Sei es um ein Erlebnis zu teilen, sich auszutauschen oder sich einfach nur wieder zu sehen. Eine Leere, die in uns den Eindruck entstehen lässt, gar nicht richtig zu existieren. Daher sollten Sie auch mit den fortschreitenden Jahren, wenn Sie Familie haben, wenn Sie sich in Ihren Job vertiefen, Ihre Freundschaften gut pflegen. Wir leben nur dann richtig, wenn wir Freunde haben.

→ **Wir leben nur dann richtig, wenn wir Freunde haben**

Kinder spüren das instinktiv. Für Kinder ist nichts so wichtig wie ihre Freunde. Mit ihnen zu spielen, ausgelassen zu scherzen, herumzutollen. Dadurch erlebt der Mensch im Kindesalter auch die Blütezeit der Empathie, also das Mitleben und Mitleiden mit anderen. Und viele Untersuchungen zeigen, dass sich Kinder auch lieber der Gruppe unterordnen und etwa Fragen bewusst falsch beantworten, weil es die anderen tun. Es ist ihnen lieber, dumm als alleine dazustehen. Dieser Gruppenzwang ist natürlich auch bei Erwachsenen hinreichend bekannt.

Aber abgesehen von Gruppen, in die wir uns einfügen wollen, weil Gruppen Sicherheit geben und wir uns in ihnen entwickeln können, sind Freunde ein wichtiger Anker im Leben. Für viele, eben vor allem für jüngere Menschen sogar wichtiger als die Familie. Denn mit Freunden darf man all das, was man zu Hause bei Mami und Papi nicht darf. Einen draufmachen, sich daneben benehmen, sagen, was einen bewegt, sich gleichwertig fühlen. Mit den Freunden, auf einer Stufe. Das ist mit den Eltern selten möglich und oft nicht einmal mit den Geschwistern. Denn mit älteren und jüngeren Schwestern und Brüdern entsteht immer wieder ein Kampf um die Rangordnung. Streitigkeiten um die kleinsten Dinge. Das ist bis zum frühen Teenageralter besonders ausgeprägt.

Ein weiterer großer Vorteil von Freunden: Sind es richtig gute, kann man sich gerade in der turbulenten Zeit des Erwachsenwerdens, in der Pubertät und auch danach emotional austauschen. Ohne Tabus und ohne, dass es peinlich sein muss.

Freundschaften bieten Möglichkeiten, das eigene Selbst zu entdecken, ein Verständnis für die Menschen um uns herum zu entwickeln, und erst durch sie erlernen wir die sozialen Fähigkeiten, die wir im Erwachsenenalter, wenn es im Job und auch privat wirklich darauf ankommt, so dringend brauchen. Im Job, weil abseits unserer erlernten fachlichen Kompetenz der soziale Umgang entscheidend für den Erfolg ist.

Soziale Kompetenz beginnt in der Sandkiste

Heute will man seine Kinder rundherum beschützen, für sie da sein und sie von allem Bösen fernhalten. Ich habe bemerkt, dass ich selbst lange Zeit den Fehler gemacht habe, mein Kind auch im Umgang mit anderen Kindern beschützen zu wollen. Ich habe mich hinter meinen Sohn gestellt, wenn er mit einer Freundin oder einem Freund eine Auseinandersetzung hatte. Wenn ich das Gefühl hatte, er würde ungerecht behandelt werden, habe ich mich eingemischt und für ihn mit »Erwachsenenargumenten« Partei ergriffen.

Was für ein fataler Irrtum. Wie soll das Kind lernen, selbst für seine Überzeugung und für sich einzustehen? Für sich zu kämpfen und besonders wichtig: Wie soll es lernen, mit Launen oder auch Gemeinheiten anderer Kinder fertigzuwerden? Denn mit solchen Situationen hat man schließlich auch als Erwachsener zu tun. Und lernt man das nicht im Kindesalter, kann sich die soziale Intelligenz nur eingeschränkt entwickeln. Dabei wird die soziale Intelligenz auch im beruflichen Bereich immer wichtiger: In Aufnahmegesprächen und bei Entscheidungen über künftige Führungskräfte spielt sie eine wesentliche Rolle.

Und privat, weil es dann um mehr als nur Streichespielen geht. Es geht um den Aufbau unseres sozialen Netzwerks und natürlich, wenn der Wunsch besteht, um die Bildung einer eigenen Familie und das harmonische Zusammenleben miteinander.

Freunde sind Medizin

Das Plaudern mit Freunden hat außerdem ganz wichtige körperliche Auswirkungen. Es ist zum Beispiel das beste Mittel gegen Stress. Zu viele Termine, zu viele Aufgaben. Wenn Sie mit Ihrer besten Freundin über alles reden können, in Ruhe, bei einem Glas Wein, dann passiert zweierlei: Sie bekommen selbst, während Sie Ihre Probleme bereden, einen Überblick darüber. Und Sie sortieren automatisch, ohne dass Sie es merken, nach Wichtigkeit. Sie erzählen von diesem Problem und jenem. Dass Sie in der Arbeit übergangen wurden, Ihr Partner schon stöhnt, weil er Sie so selten sieht, und dann noch der Streit mit Ihrer anderen Freundin und wie der überhaupt angefangen hat. Schon während Sie davon erzählen, kommen Sie idealerweise innerlich zur Ruhe, denn es hilft sehr, sich die Dinge von der Seele zu reden und für sich zu erkennen, woran es hakt. Aber vergessen Sie nicht, dass anschließend Ihre Freundin an der Reihe ist, sich über ihre Alltagssorgen auszulassen.

Die stressmindernde Wirkung von Freunden ist auch medizinisch nachgewiesen. Über Speichelproben konnte nachgewiesen werden, dass das Stresshormon Cortisol in wesentlich geringerer Dosis ausgeschüttet wird, wenn in aufreibenden Situationen Freunde anwesend sind. Sogar schon der Gedanke an einen Freund kann eine Situation leichter erträglich machen.

Das sind Auswirkungen, die momentan auf uns und unseren Körper Einfluss nehmen. Wie entscheidend gute, enge Freundschaften schon in unserer Jugend für unser ganzes weiteres Leben, nämlich für unsere künftige physische und psychische Gesundheit, sind, zeigt das Ergebnis einer Untersuchung, die im August 2015 in der Zeitschrift *Psychological Science* veröffentlicht worden ist.

Joseph P. Allen und sein Team von der Universität von Virginia haben 171 Mädchen und Buben 14 Jahre lang begleitet. Im Alter von 13 Jahren mussten sie ihren besten Freund, ihre beste Freundin nennen. Bis sie 17 Jahre alt waren, wurden sie regelmäßig über die Qualität der Freundschaft, die Art der Kommunikation oder das gegenseitige Vertrauen befragt. Als sie zwischen 25 und 27 Jahre alt waren, haben die Forscher ihren Gesundheitszustand gemessen. Da ging es um allgemeine Fitness, Body-Mass-Index und auch Ängste und Depressionen. Es war klar ersichtlich: Wer in seiner Jugend intensive Freundschaften, belebt von Vertrauen zueinander und Offenheit, erlebt hat, war später gesünder und glücklicher.

→ Intensive Freundschaften in der Jugend machen gesund bis ins hohe Alter

Das Beeindruckende für mich bei dieser Untersuchung ist der lange Zeitraum, der einen Zusammenhang herstellt zwischen unseren gelebten Freundschaften und unserer späteren Verfassung. Sicher ist es dabei auch so, dass die engen Freundschaften dann auch noch mit 27 andauern und oft ein Leben lang Bestand haben. Sie beeinflussen daher nicht nur über die Langzeitwirkung, sondern jeden Tag aufs Neue unseren Körper, unseren Geist, unser Leben positiv.

Wie nah uns unsere Freunde sind, zeigt auch die bildgebende Messung von Gehirnen in einer Reihe von Experimenten der Harvard University. Dachten die Versuchsteilnehmer an Freunde, konnte verstärkte Aktivität in den Bereichen des Gehirns gemessen werden, die auch reagieren, wenn man sich gedanklich mit sich selbst beschäftigt. Dachten sie an Fremde, regte sich an diesen Stellen gar nichts. Ein guter Freund, eine gute Freundin ist uns also so intensiv verbunden, dass unser Gehirn sie wie das eigene Ich wahrnimmt. Daran sollten Sie denken, wenn Sie leichtfertig einen Menschen vernachlässigen, der Ihnen besonders nahe steht.

Ein gutes Verhältnis mit Familienmitgliedern zu haben, wird dann wieder wichtiger, wenn wir dem Cliquenalter entwachsen.

Wir besuchen wieder öfter die Eltern, wissen jetzt endlich (so lange haben sie darauf gewartet), was sie für uns getan und wie sehr sie sich aufgeopfert haben. Und alle Bösartigkeiten unter Geschwistern sind vergessen – wir lachen regelmäßig bei Familientreffen darüber. Häufig wird der Bruder oder die Schwester sogar zum Freundesersatz.

In dieser Zeit bemerken wir, wie wichtig die Familie ist. Denn sie ist ein wichtiger Anker in unseren sozialen Beziehungen. Freunde kommen und gehen unter Umständen. Sie verlieren wir, wenn wir nicht aufpassen, eher aus den Augen. Wenn Ihre beste Freundin einen neuen Mann kennenlernt, merken Sie vielleicht, dass der Kontakt weniger wird. Hat sich die Freundin vorher bei jeder Gelegenheit gemeldet, ist sie jetzt einfach dabei, ihr Leben neu zu organisieren. Für die Gefühlswelt ist es besser, man trifft sich weiterhin wenigstens regelmäßig auf einen Kaffee. Doch viele verlieren sich über die Jahre dann doch aus den Augen.

In einer funktionierenden Familie haben Sie immer jemanden, mit dem Sie ungezwungen kommunizieren und auf den Sie jederzeit zurückgreifen können, wenn Ihnen etwas auf dem Herzen liegt. Den Wert eines Freundes und der Familie sollte man jederzeit hoch schätzen. Starke Bande, die zerrissen sind, sind nur sehr schwer wieder zu verknüpfen.

→ Schätzen Sie den Wert Ihrer Freunde und Ihrer Familie hoch

Der Mensch, also Sie, ist ein soziales Wesen. Freundschaftsbeziehungen sind die wichtigste Quelle für positive Emotionen, sie halten uns gesund und haben, wenn sie offen und ehrlich geführt werden, nur Vorteile. Und sie machen aus, was Sie selbst sind. Darauf sollten Sie auf keinen Fall verzichten.

Das Fluchttier in dir

Der Mensch braucht die Gemeinschaft. Braucht Gleichgesinnte auf Augenhöhe. Man will seine Erlebnisse und Erfahrungen austauschen, voneinander lernen, miteinander Spaß haben und die Zeit verbringen. Egal, ob es nur ein Kaffee mit der Kollegin ist, der Tratsch während der Maniküre oder das Treffen mit den Kumpels vom Modellbauverein. Wir brauchen die Gesellschaft. Und doch gibt es hier einen Zwiespalt. Vor allem, wenn es darum geht, neue Menschen kennenzulernen.

Unsere Vorfahren, die noch mit Fellen selbst erlegter Mammuts bekleidet waren, haben uns etwas vererbt. Und das ist nicht gerade dienlich dafür, offen auf Fremde zuzugehen. Die Männer der Steinzeit saßen am Abend ums Lagerfeuer. Während sie ihren Speer spitzten, erzählten sie sich stolz und lautstark von ihren Heldentaten am Tag. Die Frauen unterhielten sich derweilen über diese und jene Neuigkeit, während sie die gesammelten Beeren, Nüsse und Wurzeln verarbeiteten. Doch was, wenn sich dieser eingeschworenen Bande plötzlich ein Fremder näherte? Die Gespräche verstummten. Die Männer standen auf, nahmen ihre Speere in die Wurfhand und sahen den Eindringling böse an. Die Frauen zogen sich zurück und beobachteten das Geschehen aus dem Hintergrund. Wenn der Fremde nicht das Pech hatte, sich zu einem wirklich kriegerischen Stamm verirrt zu haben, würden ihn die Männer erst einmal mustern. Beobachten, welche Handlungen er setzt. Sie hätten seine Hände im Blick, ob er irgendwo eine Waffe versteckt hält. Was seine Gesichtsmuskulatur ausdrückte. Ob er im Guten kam oder Böses vorhatte.

Es ist nicht einfach, in solch eine eingeschworene Gemeinde einzudringen und dazuzugehören. Vielleicht schafft es unser »Eindringling«. Vielleicht hebt er die Hände und zeigt seine offenen Handflächen. Vielleicht werden seine Lippen breit und öffnen sich leicht zu einem Lächeln. Nicht zu viel, sodass es wie Zähne fletschen aussieht. Vielleicht versucht er herauszufinden, wer der Häuptling in der Runde ist, und wirft ihm einen freundlichen Blick zu. Oder er senkt den Kopf leicht, um Unterwürfigkeit zu zeigen.

Alles Signale, die zeigen sollen, dass von ihm keine Gefahr ausgeht. Doch er wird weiter beobachtet. Auch wenn er schon mit den anderen am Feuer sitzt. So lange, bis sich alle sicher sind, dass von dem Fremden keine Gefahr ausgeht. Das weiß er selbst auch. Er weiß, dass er Sympathie erzeugen, aber nicht herausfordernd sein darf. Wer weiß, ob unter den Männern, denen er sich anschließen will, nicht ein besonders gereizter ist. Einer, der sich schnell angegriffen fühlt und seinen Speer dementsprechend schnell wieder zur Hand hat. Es fordert Selbstbeherrschung, verbunden mit einer gewissen Selbstsicherheit und Lockerheit, um kein Misstrauen aufkommen zu lassen.

Das Sozial-Work-out

Das klingt ziemlich schwierig und kompliziert. Wenn Sie in der Haut des Ankömmlings stecken, könnten Sie sich denken: »Das lasse ich lieber. Denen gehe ich lieber aus dem Weg. Ich bin bis jetzt auch ganz gut alleine zurechtgekommen.« Genau. Das denken viele. Auch heute noch, obwohl niemand mehr einen Speer in der Hand hält. Was kann also schlimmstenfalls passieren, wenn Sie zu einer Gruppe stoßen und gerne ins Gespräch eingebunden werden möchten? Unter Erwachsenen wohlgemerkt. Wenn man nicht gleich vorprescht und dadurch einen gut gehenden Talk mit eigenen willkürlichen Anekdoten zerstört?

Also der Situation angepasst vorgeht und sich der Gruppe in angemessener Weise annähert? Gut, vielleicht ist ein besonderer

Spaßvogel dabei, der versucht, sich selbst mit einem schlechten Witz, womöglich auf Ihre Kosten, hervorzuheben. Und vielleicht gibt es den einen oder anderen, der erst gar nicht reagiert. Aber sonst, wage ich zu behaupten, kann nicht viel passieren und Sie werden innerhalb weniger Minuten Teil dieser Gruppe und ihrer Unterhaltung sein. Aber trauen müssen Sie sich, sich einfach überwinden. Und da habe ich einen besonderen Tipp für Sie: Probieren Sie es bewusst aus. Gehen Sie schon bei alltäglichen Begegnungen über die notwendigste Kommunikation hinaus. Sagen Sie zum Verkäufer ein paar Sätze mehr als »Zwei davon und drei davon«! Nutzen Sie die Möglichkeit, an der Haltestelle mit einem Wartenden einen Small Talk zu beginnen. Verstehen Sie es als Ihr persönliches Training im Zugehen auf andere Menschen. Ihr Sozial-Work-out, das Sie jederzeit wiederholen können. Wenn es schiefgeht, ist nichts passiert. Sie gehen Ihrer Wege und probieren es ein anderes Mal erneut.

→ Genießen Sie das gute Gefühl eines netten Gesprächs

Wenn es aber klappt, werden Sie mit jeder Wiederholung dieser Übung (also mit jedem Mal, wenn Sie jemanden ansprechen) selbstbewusster. Ganz einfach durch das Erfolgserlebnis. Und Sie werden diese Erfolgserlebnisse haben! Das kann ich Ihnen versprechen. Denn im Grunde ist kaum jemand einem kurzen Tratsch abgeneigt und die anderen sind oft froh, wenn Sie den ersten Schritt machen. Probieren Sie es also einfach für sich aus – mit Ihrer offenen und herzlichen Art natürlich und nicht mit der Brechstange. Danach genießen Sie bewusst das gute Gefühl, aktiv geworden zu sein, ausgebrochen zu sein aus Ihrer bisherigen scheuen Zurückhaltung und ein nettes Gespräch geführt zu haben.

Auf eines möchte ich Sie noch hinweisen: Testen Sie Ihr Sozial-Work-out unbedingt auch bei Menschen, die Sie eigentlich kennen, aber doch wieder nicht: Bei Arbeitskollegen, die Sie zwar seit Jahren jeden Tag auf dem Flur grüßen, aber nicht einmal wissen, in welcher Abteilung sie arbeiten. Bei Menschen, die Sie regelmäßig sehen, am Spielplatz mit den Kindern, beim Spazierengehen in Ihrer Umgebung, in der Sauna oder wo auch immer. Menschen. von denen Sie glauben, dass sie mürrisch sind, obwohl Sie noch nie ein Wort mit ihnen gewechselt haben. Probieren Sie es aus, wenn Sie Lust dazu haben und wenn die Person Sie interessiert. Seien Sie neugierig, was für eine Persönlichkeit hinter dem Pokerface steckt. Sie haben nichts zu verlieren und erfahren im Gegenteil viel von den Lebenswelten anderer. Und: Sie werden aus den meisten Begegnungen mit einem Lächeln weggehen.

Die Psychologie dahinter: Das **Verhalten in der Gruppe** wird beeinflusst von der sozialen Wahrnehmung und der sozialen Interaktion – wir nehmen andere Menschen wahr und vergleichen diese Wahrnehmung mit uns selbst. Wir stellen einen direkten Bezug zu uns her. In weiterer Folge interagieren wir mit den Personen, werden von ihnen in unserem Tun beeinflusst, nehmen Dinge an, ahmen nach. Ist uns das Tun des anderen komplett fremd, werden wir misstrauisch. Ist es für uns nicht nachvollziehbar und in dem Moment befremdlich, nehmen wir eine Abwehrhaltung ein.

Der Spiegel Ihres Verhaltens

Zu Ihrer Wirkung auf die Umwelt: Bekommen Sie ein Gefühl dafür, wer Sie sind. Wie andere Leute Sie sehen. Aber Achtung! Es geht nicht darum, sich für die Umwelt, für die anderen zu verändern. Prüfen Sie nach, ob Sie selbst glücklich damit sind, wie Sie draußen ankommen. Ob Sie denken, dass Sie eher abgelehnt werden, und Sie das traurig macht. Ob Sie immer wieder das Gefühl haben, dass Leute sehr distanziert zu Ihnen sind. Wenn Sie ein Abteilungsleiter, Firmenboss oder sonst eine Führungskraft sind, kann das durchaus normal sein. Viele Menschen haben nun einmal einen (vorauseilenden) Respekt vor Kollegen in oberen Hierarchien, verstellen sich fast automatisch und vergessen jede Lockerheit, auch bei Firmenfeiern. Doch wenn es nicht daran liegt, fragen Sie sich zuerst: Wie wirke ich auf meine Mitmenschen? Denn unsere Mitmenschen sind oft der Spiegel unseres eigenen Verhaltens.

→ Das Verhalten unserer Mitmenschen spiegelt unser Verhalten wider

Und auch Sie sind der Spiegel für die, die mit Ihnen in Kontakt treten. Es ist eine Wechselwirkung, die unbewusst und in winzigen Sekundenbruchteilen vor sich geht. Unsere Spiegelneuronen laufen bei Begegnungen mit anderen Wesen auf Hochtouren. Das gilt nicht einmal nur für Menschen. Sie reagieren schließlich anders auf einen Hund, der Sie freudig begrüßt, als auf einen, der Sie misstrauisch anknurrt oder Sie ignoriert und sich unter den Tisch trollt. Wie soll also jemand reagieren, den Sie anknurren? Wohl nicht mit Umarmungen.

Das bedeutet aber nicht, dass Sie Ihren Charakter verleugnen sollen. Sie müssen nicht lächelnd durch die Gegend laufen, wenn Sie eigentlich keinen Grund dazu haben. Behalten Sie Ihr Selbstvertrauen. Aber kontrollieren Sie Ihr Selbstbewusstsein. Denn Selbstvertrauen bestimmt, wie Sie auf ihre Umwelt zugehen. Das Selbstbewusstsein aber drückt Ihre Erwartungen aus, wie die Umwelt Sie wahrnimmt. Stellen Sie sich vor, sie betreten eine Bühne. Das Selbstvertrauen bestimmt darüber, wie sicher und souverän Sie auf der Bühne agieren, egal, was das Publikum denken mag. Über Ihr Selbstbewusstsein hingegen erwarten Sie von den Zuschauern eine bestimmte Reaktion – entweder Wohlwollen und Interesse oder Ablehnung Ihrer Darbietung. Denken Sie daran, dass Ihre Erwartungen nur dann erfüllt werden, wenn Sie das geben, was Sie vom anderen fordern. Erwarten Sie nicht, dass Ihnen jemand die Hand reicht, wenn Sie Ihre eigene fest in der Hosentasche vergraben. Wir wissen ja schon: Das Unterbewusstsein ist vorsichtig. Will nicht enttäuscht werden. Ein gleichzeitiger Handschlag passiert dann, wenn von beiden der Impuls dazu ausgeht. Ein Kuss passiert, wenn beide es wollen, nachdem sie das Leuchten in den Augen des anderen sahen.

Die Psychologie dahinter: **Spiegelneuronen.** Das sind Nervenzellen, die für einen bestimmten Vorgang, zum Beispiel für Handlungen, zuständig sind. Oder Nervenzellen, die Empfindungen steuern. Diese werden auch dann aktiv, wenn man lediglich zusieht, wie ein anderer eine Bewegung ausführt oder Empfindungen erkennen lässt. Daher ist auch der Ausdruck Empathie-Neuronen nicht weit hergeholt. Diese Spiegelung des Beobachteten setzt spontan und ohne Nachdenken ein. Sie können versuchen, diese Reaktion, also etwa ein Lächeln Ihres Gegenübers, zu unterbinden. Dieses Verhalten Ihrerseits wird aber in den wenigsten Fällen positiv aufgenommen. Außer Sie unterstreichen dessen Scherzhaftigkeit. Diese Spiegelungen sind die Basis für intuitives Verstehen, helfen daher, mit Ihrem Gesprächspartner auf eine Linie zu kommen. Sie rufen Gedanken und Gefühle hervor und können den biologischen Körperzustand verändern.

Die Freiheit der anderen

Worum es in diesem Kapitel geht, ist, gelassener und fröhlicher zu werden, indem Sie die Grenzen zu Ihren Mitmenschen erkennen und anerkennen. Denn was bedeutet es, wenn wir uns über das Verhalten eines anderen aufregen? Stress. Ärger. Zweifel an den Mitmenschen. An der Gesellschaft. Am Leben an sich. Es trübt das Verhältnis zu jenen, die wir gern haben, und beschäftigt uns auf eine negative Weise, die vermeidbar ist.

Wenn ein Mann seiner Frau immer wieder vorhält, dass sie einfach nicht einparken kann, wird sie in seiner Anwesenheit immer wieder gegen den Randstein fahren. Wenn er nicht dabei ist, steuert sie möglicherweise ohne Probleme in engste Lücken. Außer sie hat dieses Vorurteil schon so verinnerlicht, dass sie bereits selbst glaubt, ihr Fahrzeug nicht steuern zu können. Mehr zu dem Phänomen gleich im nächsten Unterkapitel: »Selbsterfüllende Prophezeiung«.

Warum stört es Sie, wenn der Partner schlecht einparkt? Es beginnt mit Fremdschämen. Aber es ist mehr. Sie empfinden sich als Teil Ihres Partners. Die Handlungen Ihres Partners betreffen Sie direkt. Als wären es Ihre eigenen. Tritt Ihr Partner vor anderen Leuten in ein Fettnäpfchen, ist es Ihnen selbst total unangenehm.

Diese Situation kommt in Filmen oder Büchern immer wieder vor: Ein Paar geht von einer Veranstaltung nach Hause. Sie ist sichtlich aufgeregt und herrscht ihn an: »Wie kannst du mich nur so blamieren!? Vor allen Leuten!!« Weil er, sagen wir, mit einem unüberlegten Witz die Gastgeberin bloßgestellt hat.

Brilliert im Gegenteil Ihr Partner mit seinem Wissen oder seinem Können, sind Sie stolz und sonnen sich in seinem Licht.

Nicht nur zwischen Partnern ist es so. Sie kennen vielleicht den Scherz unter Freunden, wenn sie als Gruppe unterwegs sind und einer von ihnen sich übertrieben auffällig benimmt. Der Rest der Partie entfernt sich lachend zwei Schritte mit den Worten: »Der gehört nicht zu uns.« Die Gruppe bildet eine Einheit, in der die Handlung des Einzelnen in gewissem Maße als eigene Handlung wahrgenommen wird. Und in dem beschriebenen Fall grenzt sich die neu gebildete Gruppe von einem Einzelnen ab. Sonst würde sein Benehmen als das Benehmen der ganzen Gruppe gesehen werden.

Um wieder zum Ausgangsbeispiel zurückzukommen: Parkt Ihr Partner schlecht ein, ist es für Sie, als könnten Sie selbst es nicht. Ihr Ärger spiegelt die scheinbare Herabsetzung der eigenen Fähigkeiten wider. Das ist das Dilemma. Denn in Wirklichkeit findet die Herabsetzung nicht statt. Auch wenn der Nachbar herumerzählt: Die Frau von XY kann nicht einparken, er meint eben die Frau von XY. Nicht XY selbst. Es ist natürlich nicht schön, dass er das herumerzählt, aber das ist wieder eine andere Geschichte.

So wichtig es jedenfalls ist, die Verbundenheit mit denen zu spüren, die einem am nächsten sind, so wichtig ist es in diesem Fall, sich abzugrenzen und sich als eigenständige Persönlichkeit wahrzunehmen. Das mentale Verschmelzen mit Familienmitgliedern und Freunden hilft, füreinander da zu sein. Einander zu helfen, als würde man es für sich selbst tun. Uneigennützig und mit allen Möglichkeiten. Auf der anderen Seite stört es aber die Harmonie unseres Zusammenlebens, wenn wir den empfundenen Mangel des anderen als persönliche Beleidigung auffassen.

Daher üben Sie bei jeder sich künftig bietenden Gelegenheit. Wenn Sie spüren, dass Ärger in Ihnen aufsteigt, fragen Sie sich, was das, worüber Sie sich ärgern, mit Ihnen selbst zu tun hat. Betrifft es Ihr Leben unmittelbar? Abgesehen davon, dass Sie vielleicht zwei Minuten warten müssen, bis das Auto endlich in der Parklücke steht. Nehmen Sie Schaden dadurch? Es ist eine dieser Übungen, die Sie immer und immer wiederholen müssen. Denn was Sie ändern wollen, hängt mit Ihrer Gefühlslage in bestimmten Situationen zusammen. Und die dreht man nicht von einem Tag auf den anderen um. Es ist eine gewohnte Reaktion Ihres gesamten Körpers. Eine, die automatisiert und plötzlich entsteht. In der ersten Zeit werden Sie es deshalb wohl erst danach, wenn sich Ihr Gemüt etwas abgekühlt hat, schaffen, sich diese Dinge bewusst zu machen.

Dann werden Sie einsehen, dass der rote Kopf und der Ärger wieder mal nicht vernünftig zu erklären sind. Der Ärger ist tatsächlich fehl am Platz. Er übertritt eine Grenze. Die Grenze zwischen Ihren eigenen Angelegenheiten und denen Ihres Mitmenschen. Sie dringen in den Bereich des anderen ein. So sehr Sie diesen Menschen auch lieben, dort haben Sie nichts verloren! Diese Zone geht Sie nichts an. Einfach weil das der ureigene, private Bereich eines jeden ist. Damit kann jeder tun, was er will. Und da wir am Anfang gehört haben, dass wir unrechtmäßigerweise diesen Bereich tatsächlich mit unserem Verhalten beeinflussen können, ist es noch wichtiger, sich davon fernzuhalten. Denn den Eingriff in die eigene persönliche Freiheit wird niemand auf Dauer gutheißen. Streit und Auseinandersetzungen sind dann unvermeidbar.

Die sind auch dann unvermeidbar, wenn Sie ein anderes Leben lenken wollen. Nach Ihren Anschauungen und Ansichten. Ich habe diese Projektion in einem vorhergehenden Kapitel beschrieben. Denn damit greifen Sie stark in die Freiheit des anderen ein. Und das kann nicht gutgehen. Es funktioniert nicht, eine Lebensweise, die nicht mit den eigenen Vorstellungen übereinstimmt, zu verurteilen und ändern zu wollen. Es funktioniert deshalb nicht, weil sich dieser Mensch dann nicht geschätzt, nicht verstanden, nicht geliebt fühlt, wie er ist. Und würden Sie jemanden herzlich umarmen, der Ihnen vorher sagt, so wie du lebst, ist es eine einzige Katastrophe?

So empfindet man es aber, wenn einer, den man gern hat, sagt: »Vergiss das, was du eigentlich willst, studiere Medizin.« Oder: »Was findest du nur an diesem Typ? Such dir einen, der was taugt!« Oder: »Wie kannst du dich nur dauernd von diesem Grünzeug ernähren? Iss doch was Richtiges!« Oder die Freundin bringt ihr Kind immer schon sehr früh in den Kindergarten und Sie bezeichnen sie als Rabenmutter. Die Liste an Beispielen ist lang. Wir machen es überaus gern und mit Begeisterung, im vermeintlichen »Schlamm« der anderen zu wühlen und uns darüber zu mokieren. Dabei will jeder Einzelne nur das Beste. Für sich, aber auch für seine Umwelt. Nach seinem Empfinden.

→ Jeder Einzelne handelt aus den besten Absichten heraus

Es geht aber auch anders. Es gibt zwei Möglichkeiten. Zum einen: Sie akzeptieren die Unantastbarkeit der Entscheidungen anderer. Sie arbeiten daran zu verstehen, dass, so wie Sie das Recht haben nach Ihren Auffassungen zu leben, sich einen Bart wachsen zu lassen oder nicht, sich zu schminken oder auch nicht, schwimmen zu lernen oder nicht, Arzt werden zu wollen oder Fotograf, Kunstmaler oder Kranführer, Vegetarier oder Grillmeister oder alles zusammen – so wie Sie also das Recht haben, das alles zu tun, es jeder Mensch auf dieser Erde auch hat. Das ist keine Frage von Gesetz und Verfassung, das ist eine Frage der menschlichen Selbstbestimmung.

Die zweite Möglichkeit: Sie versuchen diese Vielfältigkeit, die in Ihrer Umgebung entsteht, mit Interesse und Neugier aufzunehmen. Selbst dadurch etwas zu erfahren, das das Leben hergibt, welche Möglichkeiten man hat. Jedenfalls sich für die Menschen zu interessieren und zu ihnen zu stehen, in jedem Fall. Zu gewinnen haben Sie ein gutes soziales Umfeld, getragen von Liebe und Respekt. Zu verlieren haben Sie, wenn Sie deren Tun nicht akzeptieren können, die Menschen, die Sie lieben.

Die selbsterfüllende Prophezeiung

Man könnte vielleicht wirklich an die Macht des Universums denken, wenn man diese psychologische Erkenntnis hört: die selbsterfüllende Prophezeiung. Sie ist in der Psychologie anerkannt und durch Versuche nachgewiesen und sagt aus: Was wir glauben oder welche Meinung wir von etwas haben, tritt auch ein. Heißt das, dass die Weisheiten der Universum-Lehre schon längst wissenschaftlich bestätigt sind? Nein. Denn die selbsterfüllende Prophezeiung ist mit psychologischen Erkenntnissen zu erklären, durch die Sie sich selbst kennenlernen und ihr Leben besser steuern können.

Und nicht nur Ihr eigenes Leben. Sogar die Verhaltensweise von Tieren – der sogenannte Rosenthal-Effekt ist beeindruckend.

Robert Rosenthal von der University of California vertraute zwölf Studenten 60 Laborratten an. Die Studenten wurden in zwei Gruppen geteilt. Beide Gruppen sollten ihre Ratten in einem

Labyrinth aussetzen. Der ersten Gruppe sagte Rosenthal, dass ihre Ratten besonders intelligent seien und darauf trainiert, den Ausgang eines Labyrinths zu finden.

Der zweiten Gruppe wurde mitgeteilt, dass ihre Ratten, die sich von den anderen in Wirklichkeit nicht unterschieden, dumm und orientierungslos seien. Sie sollten aber genauso versuchen, ihre Ratten durch das Labyrinth zu schicken. Und zwar jeweils fünf ausgewählte an fünf hintereinander folgenden Tagen. Und tatsächlich: Die Ratten, die von den Studenten für besonders geübt und intelligent gehalten wurden, hatten am Ende bessere Ergebnisse, fanden den Ausgang und das dort wartende Futter als Belohnung schneller. Die »dummen« Ratten waren erfolgloser.

Wie war das möglich? Bei einer anschließenden Befragung kristallisierte sich die Erklärung schnell heraus. Die Studenten, die sich der Besonderheit ihrer Ratten sicher waren, behandelten sie besser. Streichelten sie mehr und trainierten mehr mit ihnen. Weil sie an den Erfolg glaubten. Die zweite Gruppe hatte diesen Glauben nicht und strengte sich daher auch nicht so an.

Ein beeindruckendes Experiment, gerade weil Ratten wohl nicht in Verdacht stehen, sich von Faktoren wie Kindheit, Erziehung, speziellen Charaktereigenschaften oder Weltanschauungen beeinflussen zu lassen. Und doch beeinflusste die Meinung von ihren Fähigkeiten deren eigene Leistung so sehr.

Vorurteile zeigen Wirkung

Rosenthal ging noch einen Schritt weiter und legte sein Experiment auf Menschen um. Um genauer zu sein auf Lehrer und ihren Umgang mit Schülern. Rosenthal legte den Kindern einer Grundschulklasse einen Test vor – angeblich um ihren Intelligenzquotienten herauszufinden. Der Psychologieprofessor ließ die Lehrer glauben, die Testergebnisse bestimmter Schüler würden einen bevorstehenden Entwicklungsschub anzeigen. Und damit die große Wahrscheinlichkeit, dass ihnen im kommenden Schuljahr der Knopf aufgehe. Sie plötzlich leichter lernen und zu den Klassenbesten gehören würden. Sie seien hochbegabt, kleine Genies. In Wahrheit wurden die genannten Kinder allerdings per Zufall ausgewählt.

Am Ende des Schuljahres wurde der Intelligenzquotient der Schüler erneut gemessen. Und siehe da: Die »Elite-Schüler« hatten tatsächlich stark dazugewonnen. Der Intelligenzquotient war überdurchschnittlich zum Rest der Klasse gestiegen und sie wurden darüber hinaus von den Lehrern auch noch besser bewertet.

Sie merken schon, dass die selbsterfüllende Prophezeiung in unmittelbarem Zusammenhang mit Vorurteilen steht. Was für die Schüler, die als besonders begabt eingestuft werden, durchaus von Vorteil ist, kehrt sich für diejenigen ins Gegenteil, die schlecht beurteilt werden. Das ist auch der Fall, wenn sich Prüfling und Beurteilender gar nicht kennen.

Jeremy Biesanz von der University of British Columbia und seine Mitarbeiter legten das Rosenthal-Experiment auf eine Ihnen wohl gut bekannte Situation um: das Bewerbungsgespräch. Sie fanden heraus, dass es Konzentration und Willen braucht, sich einen möglichst vorurteilsfreien Eindruck von einer Person zu machen. College-Studenten, die Helfer für ein Uni-internes Projekt auswählen sollten, wurden angehalten, sich von den Bewerbern ein möglichst objektives Bild zu verschaffen. Dazu bekamen sie von ihren Bewerbern Lebensläufe mit erfundenen Qualifikationen.

Einige der Interviewer wurden jedoch während des Vorstellungsgesprächs abgelenkt. Sie sollten etwa jedes Mal, wenn auf dem Computerbildschirm vor ihnen ein Buchstabe auftauchte, ein Fußpedal betätigen.

Das Resultat: Wer abgelenkt war und sich nicht voll auf den vor ihm Sitzenden konzentrieren konnte bzw. auf die Aufgabe, ihn objektiv zu bewerten, ließ sich von den vorgegebenen Daten beeinflussen. Sie behandelten die Bewerber negativer, wenn ihre Erwartungen niedrig waren. Und die Bewerber? Die spürten die niedrigen Erwartungen, verhielten sich dadurch nicht souverän und strahlten damit weniger Kompetenz aus.

→ Ihre Erwartungen beeinflussen das Verhalten Ihrer Mitmenschen

Dieses Phänomen können Sie aber auch nutzen, um Ihr Gegenüber zu stärken. Denken Sie gut von ihm. Haben Sie Vorurteile wie: Er löst diese Aufgabe sicher prima. Sie ist total verlässlich. Vor mir sitzt ein wahres Genie. Die Menschen in Ihrer Umgebung werden zu Höchstleistungen aufblühen.

Das wirkt natürlich auch umgekehrt. Denn versetzen Sie sich in die Lage des Bewerbers oder des Menschen, der sich beweisen will, aber gegen eine Wand läuft. Wir haben es, wenn der andere ein negatives Bild von uns hat, äußerst schwer, dessen Meinung umzudrehen. Wir können nur hoffen, dass er nicht abgelenkt ist. Oder versuchen, seine ganze, ungetrübte Aufmerksamkeit zu bekommen. Dann besteht die Chance, ihn zu überzeugen.

Sind Sie selbst in der Situation, jemanden bewerten zu müssen, dann nutzen Sie dieses Wissen, um nicht zu Fehlurteilen zu kommen. Denn auch Sie werden leicht von vorhandenen Unterlagen, die aber oft nicht den Menschen und seine wahren Kompetenzen eins zu eins abbilden können, manipuliert. Was Ihnen hilft, Ihre Aufgabe gewissenhaft und korrekt auszuführen, ist: kontrolliertes Denken.

Die Psychologie dahinter: **Kontrolliertes Denken.** Was das kontrollierte Denken ausmacht: Es läuft bewusst ab. Das heißt aber auch, es ist mit Anstrengung verbunden. Denn nur, was wir ohne viel Nachdenken erledigen können, weil es zur Gewohnheit wurde, oder was unterbewusst abläuft, macht uns keine Mühe. Dieses bewusste Denken können Sie steuern. Sie können es an- und abstellen, indem Sie Ihre Konzentration darauf richten.

Doch diese Art des Denkens beansprucht mentale Energie – das macht es eben so anstrengend. Außerdem ist in diesem bewussten und kontrollierten Modus der Mensch nur fähig, über eine Sache auf einmal nachzudenken. Wenn Sie unmotiviert oder abgelenkt sind, fällt Ihnen kontrolliertes Denken schwer. In diesen Fällen werden eher einfachheitshalber falsche Informationen akzeptiert und die Unterdrückung von unerwünschten Gedanken wird schwierig.

Der entscheidende erste Eindruck

Die selbsterfüllende Prophezeiung ist ein erstaunliches Phänomen. Denn es erstaunte auch die Psychologen, welche Kraft wir haben, andere zu beeinflussen. Allein durch unsere Meinung und das darauffolgende Verhalten ihnen gegenüber. Besonders fatal ist das, wenn wir uns unsere Meinung nicht selbst gebildet haben. Wenn wir eine vorgefertigte präsentiert bekommen, bevor wir den jeweiligen Menschen überhaupt kennengelernt haben. Ein Kollege flüstert Ihnen ins Ohr, dass der neue Chef ein Choleriker sei. Sie werden ihm wohl zunächst eher ängstlich gegenübertreten. Es dauert lang, sich von solchen Vorurteilen zu verabschieden und sich vom Gegenteil überzeugen zu lassen. Denn entscheidend ist bei der Bildung eines Urteils über jemanden, welche Information man über diesen zuerst bekommen hat.

Denken Sie nur an Beispiele aus dem Sport. Wie oft hört man, dass ein Fußballspieler von einem Klub verabschiedet wird, weil er nicht die erhoffte Leistung gebracht, sich nicht entwickelt hat. Bei seinem nächsten Verein aber läuft es besser und er wird dort zum Superstar. Der alte Klub wird dann belächelt, weil er das Potenzial des Spielers nicht erkannte. Da steckt aber womöglich mehr dahinter, wie wir jetzt wissen. Hat da dem neuen Trainer einer etwas über den Spieler ins Ohr geflüstert? Hatte der frühere Trainer schon eine vorgefasste Meinung – und die war negativ?

Mit solchen Einschätzungen von Menschen verändern wir selbst unser Leben ebenfalls. Geben ihm eine Richtung, die vielleicht nicht die bessere ist. Denn jemand, der etwa sehr gut in unser Leben passen würde, mit dem wir eigentlich befreundet sein könnten, der uns berufsmäßig den Anstoß geben könnte, den wir schon lange brauchen, wird sich mit uns nicht weiter beschäftigen wollen, wenn er unsere Vorurteile spürt. Und wenn er merkt, dass er sich in unserer Gegenwart nicht wohl fühlt und sich nicht entfalten kann.

Die Psychologie dahinter: **Primacy-Effekt.** Damit sich unser Gedächtnis nicht mit unwichtigen Informationen belastet und überfordert, sortiert es. Ordnet nach Wichtigkeit. Lässt Eindrücke unter den Tisch fallen und hebt andere hervor. Eine Methode, die es dabei anwendet, beruht auf der First-come, first-served-Basis: Was zuerst kommt, ist höher zu bewerten. Somit zählt auch, wenn man über einen Menschen, den man nicht kennt, hört, er wäre faul, unzuverlässig oder hinterhältig. Dieses Vorurteil bleibt gespeichert. Lernen Sie den Menschen dann kennen und er stellt sich als das komplette Gegenteil heraus, nützt das leider nicht mehr viel. Ihr Vorurteil werden Sie so leicht nicht mehr los und es beeinflusst Ihr Verhalten.

Mit der selbsterfüllenden Prophezeiung scheitern mögliche gute Verhältnisse im Vorhinein. Daher verschließen Sie lieber die Ohren, wenn Ihr Schreibtischnachbar über die neue Kollegin schon dies und jenes gehört haben will. Und beißen Sie sich auf die Zunge, bevor Sie jemanden schlechtmachen. Ihr Zuhörer wird Ihnen nämlich jedes Wort glauben. Geholfen ist damit niemandem. Versuchen Sie lieber, Ihre Meinung über die Person zu überprüfen und zu revidieren. Sie können aber auch den umgekehrten Weg gehen. Verbreiten Sie Gutes über Ihre Mitmenschen, das bringt Freude und Ihnen viel Anerkennung. Denn man ist es nicht gewohnt, dass Menschen gut über andere sprechen. Und Ihre Zuhörer können dann annehmen, dass Sie sich über sie ebenso positiv äußern. Dieses positive Klima kann zum Domino-Effekt werden. Diesmal fallen die Steine aber nicht, sondern sie richten sich gegenseitig auf.

7. Endlich ich!

Schritte zum Erfolg

»Früher war es viel leichter, Geld zu verdienen«, ist eine oft gehörte Meinung. Es habe ja damals noch nichts gegeben. Man brauchte also nur als Straßenhändler anzufangen, nach einem Jahr konnte man seine erste Filiale aufmachen, dann expandieren, weiter expandieren, noch mehr expandieren und heute teilen sich die Enkel des Gründers das weltumspannende Imperium nach Kontinenten auf. Neugründer hätten doch im 21. Jahrhundert keine Chance mehr sich durchzusetzen …

Wobei, man könnte es ja auch so sehen: Heute ist es doch so leicht wie nie, Geld zu machen. Man macht eine Internetseite oder eine App mit einer coolen Idee. Alle Welt fährt darauf ab. Bald übersteigen die Zugriffe jede Server-Kapazität und dann machen Google, Microsoft oder einer dieser ganz großen und stinkreichen Konzerne ein Angebot, die Plattform zu übernehmen. Verkaufssumme so etwa mehrere Millionen Dollar. Und schon schwimmen Sie im Geld. Das Gleiche geht auch mit einem Blog. Sie schreiben nur über das, wofür Sie sich auch interessieren. Tippen Ihre Meinung ab und schon können Sie eine Werbung nach der anderen auf Ihrer Seite schalten und werden mit Testprodukten überhäuft. Arbeiten können künftig die anderen …

Tatsache ist: Die Möglichkeit erfolgreich zu sein gibt es immer. Aus der Entfernung betrachtet sieht es auch sehr einfach aus. Aber im Endeffekt gelingt es nur einer Handvoll von Leuten. Was haben diese Menschen, die ihren Weg gemacht haben, gemeinsam?

1. Sie haben begonnen!

Sie hatten eine Idee und machten sich an ihre Umsetzung. Es ist keine Idee geblieben. Sie besorgten sich, was sie für ihren Zweck brauchten, und haben begonnen. (Sie haben keine Wunschzettel mit Beträgen, wie viel Euro ihnen zufliegen sollen, geschrieben.)

2. Sie kannten ihre Ziele ganz genau.

Jetzt muss ich doch den Wunschzettel ins Spiel bringen. Dieser Wunschzettel, auf den man schreiben soll, wie man sich sein Leben vorstellt. Der Spaß machen soll, weil man richtig gepackt wird davon, sich sein künftiges Leben auszumalen und zu Papier zu bringen, dieser Wunschzettel ist sinnvoll. Nämlich dann, wenn Sie detailliert aufschreiben, was Sie erreichen wollen, und so Ihre Ziele definieren. Das ist eine gute Orientierung, denn Euphorie alleine ist kein guter Ratgeber. Sie wollen dann möglicherweise alles ausreizen, um ja breiten Erfolg zu haben. Sie betreten womöglich Pfade, die wegführen vom eigentlichen Vorhaben. So übernehmen Sie sich, werden unglaubwürdig und Ihnen fehlt die Zeit, sich auf das Wesentliche zu konzentrieren. Dann nehmen Sie diesen Zettel und erinnern Sie sich, welche Richtung Sie eigentlich einschlagen wollten.

3. Sie sind Schritt für Schritt vorgegangen.

Jede Erfolgsgeschichte hört sich so unglaublich, so grandios an. Ist sie auch – aber sie ist nicht an einem Tag entstanden. Vom Start bis zum Ziel vergehen viel Zeit und viel Arbeit. Aber wenn man einen Fuß vor den anderen setzt und kontinuierlich weitermacht, ist die Chance größer, sein Ziel zu erreichen, als wenn man nach einer Woche in Depressionen versinkt, weil man sich die Jacht in Monaco immer noch nicht leisten kann. Ich habe dieses Buch mit einer Idee begonnen. Die ersten Schriften dazu waren kleine Notizzettel mit Gedanken darauf. Bis ich mich hingesetzt und das erste Kapitel geschrieben habe, trug ich die Idee zu dem Buch zwei

Jahre mit mir herum und setzte mich damit auseinander. Dann folgten noch weitere eineinhalb Jahre intensiver Recherche- und Schreibarbeit. Jetzt liegt es vor mir. Es ist aus kleinen, machbaren Schritten entstanden, die irgendwann das Ganze ergeben.

4. Sie sind sich treu geblieben.
Wer erfolgreich ist, hat erkannt, womit er sich beschäftigen will, hat den persönlichen Lebensinhalt für sich entdeckt und sich nicht mehr verbiegen lassen.

Sie sollten nur machen, wofür Sie Leidenschaft entwickeln können. Und ihr Ziel darf Ihren Lebensvorstellungen und Überzeugungen nicht entgegenstehen. Eine der wichtigsten Eigenschaften, um erfolgreich zu sein, ist Begeisterung, Vorwärtsdrang. Ohne sie wird der Weg für Sie nur zur Qual und Sie werfen wahrscheinlich bald das Handtuch.

5. Sie haben sich das notwendige Know-how zugelegt.
Diese Menschen scheuten sich nicht, sich zu erarbeiten, was Sie für ihr Ziel brauchten. Sich Fähigkeiten anzueignen, die für ihren Erfolg wichtig waren. Sie wussten genau, wie sie sich weiterentwickeln müssen, um am Ende der Beste auf ihrem Gebiet zu sein.

Das aber mit der schon angesprochenen Leidenschaft! Know-how heißt nicht: Ich sammle einfach die Informationen, die ich für meine Geschäftsidee brauche. Es geht darum, sich richtig hineinzuleben und dadurch die Kompetenz zusammen mit dieser Begeisterung auch zu vermitteln. Und es geht darum, über dieses Know-how in Verbindung mit Leidenschaft neue Ideen zu entwickeln und damit unverkennbar zu werden.

6. Sie haben an sich geglaubt und ließen sich nicht beirren.
Neue Ideen werden, wie schon Arthur Schopenhauer wusste »... in der ersten Phase belächelt, in der zweiten Phase bekämpft, in der dritten Phase waren alle immer schon begeistert von ihr«.

Denn grundsätzlich ist der Mensch ein Gewohnheitstier. Was nicht ist, kann er sich schwer vorstellen. Das Unterbewusstsein findet ganz schnell Argumente gegen das Neue. Aus Angst, das gewohnte Schema zu verlassen. Also die Denkweise, die für das Gehirn keine große Anstrengung mehr bedeutet. Ändern wird sich dann nichts – sei es zum Negativen oder zum Positiven.

Um dem entgegenzuwirken, denken Sie an Worst-Case-Szenarien: »Wie sieht mein Leben aus, wenn ich so weitermache wie bisher? Nichts ändere und meine Ideen nicht umsetze?«

7. Sie haben die Veränderung nicht gescheut.
Eine neue Idee durchzusetzen, ist auch eine Herausforderung an sich selbst. Denn von seinem gewohnten Leben abzuweichen und etwas zu probieren, mit dem man noch keine Erfahrung hat, ist ein zwischenzeitlicher Verlust der Kontrolle über unser Leben. Wir müssen ins Wasser springen ohne zu wissen, ob die See rau ist und uns hinunterzieht oder wir über die glatte, sanfte Meeresoberfläche sicher zu der paradiesischen Insel schwimmen können. Um einen Untergang möglichst ausschließen zu können, überprüfen Sie, wie sehr Sie die Punkte 2 bis 6 erfüllen.

8. Sie waren authentisch und besaßen emotionale Intelligenz.
Sie sind empathisch und können mit anderen Menschen, deren Gefühlen umgehen, haben daher Leadership. Sie kennen aber auch ihre eigenen Gefühle sehr genau und lassen sich nicht die Freude verderben, lassen sich nicht hinunterziehen von negativen Einflüsterern. Das Bauchgefühl ist wichtig und doch muss man erkennen können, ob es gerade von demotivierenden Aussagen verwirrt ist. Sie wissen eigentlich, dass Sie das Richtige machen. Doch Verunsicherung entsteht schnell, wenn man nicht auf alle Fragen eine Antwort hat. Und bei Aussagen wie: »Die Zielgruppe, die du ansprechen willst, existiert nicht«, »Dein Produkt ist doch nicht neu«, »Das lockt doch keinen Hund hinterm Ofen hervor«

geht es darum, Abstand von den unqualifizierten Meinungen zu gewinnen und zu sich zu finden.

Auch auf der Gefühlsebene sollten Sie besonnen und überlegt sein. Handeln Sie nicht impulsiv und lassen sich dadurch nicht auf eine verlockende, weil Gewinn versprechende, aber langfristig vielleicht falsche Fährte locken.

Diese Menschen sind erfolgreich

Wie haben heute erfolgreiche, einflussreiche Menschen begonnen? Nur wenigen von ihnen ist viel Geld als Startkapital für ein Imperium in die Wiege gelegt worden.

Vier junge FH-Studenten aus Österreich entwickeln eine Sport-App, mit der Läufer unter anderem ihre Trainingsrouten und -zeiten festhalten können. Sie gründen 2009 das Unternehmen Runtastic. 2015 nutzen 65 Millionen Menschen die Lauf-App und Adidas bezahlt für die Übernahme der Firma 220 Millionen Euro.

Der chinesische Auswanderer in die USA, Cheong Choon Ng, beobachtet seine Töchter, wie sie aus Gummiringen Armbänder knüpfen. Er baut aus einer Holzplatte, Reißzwecken und kleinen Haken einen Spielzeugwebstuhl. Fertig ist Rainbow Loom. Damit lassen sich Armbänder und etwa Tierfiguren kinderleicht herstellen. Er investiert 10 000 Dollar und lässt davon in China eine Serie bauen. Nur drei Jahre später verkauft Ng rund 1,5 Millionen Sets des Spielzeugs pro Jahr. Sogar der Papst wurde schon mit den Gummiarmbändern gesehen.

Christopher Paolini liebt Fantasy-Romane und -Filme. Zur Schule geht er nie, er wird von seinen Eltern unterrichtet. Mit 15 Jahren schreibt er den Roman *Eragon*. Darin findet der Jugendliche

Eragon ein Drachenei und wird zum Drachenreiter. Die Bücher von Paolini verkauften sich insgesamt mehr als 30 Millionen Mal.

Diese Menschen machen, was sie am besten können, und sie füllen ihr Leben voll aus. Sie nutzen es, das zu tun, was sie begeistert. Warum sollten sie auch etwas anderes machen? Und warum sollten Sie etwas machen, das für Sie eigentlich reine Zeitverschwendung ist? Wir müssen die einzelnen Tage nicht verleben. Wir dürfen sie erleben.

→ Erleben Sie jeden einzelnen Tag

Dazu gehört neben dem Eifer für den Erfolg auch, nicht dem Perfektionismus zu verfallen. Erfolgreiche Menschen wissen, dass es Perfektion nicht geben kann. Denn wann ist etwas perfekt? Fehler macht man und Fehler werden gemacht. Das sollte die Freude über das Erreichte nicht zerstören. Denn ohne Freude über den Erfolg fehlt der Antrieb weiterzumachen.

Und Perfektion hält auf. Das Ergebnis kann sich auch sehen lassen, wenn es vom eigenen Anspruch des Perfektionismus abweicht. Die Zeit, die Sie fürs Unerreichbare aufwenden, können Sie anderswo besser nutzen. Übrigens auch für Ihre Freizeit. Denn Perfektion in beruflichen Belangen führt oft dazu, weniger Zeit für sich und seine Lieben zu haben, was bedeutet: Perfektion macht einsam.

Wie viel Erfolg vertragen Sie?

Ihr Ziel sollte letztendlich sein, Glück zu empfinden. Das gelingt auch mit Erfolg und bis zu einer gewissen Grenze mit Reichtum. Nicht allein, das haben schon viele Multimillionäre festgestellt. Aber Geld gibt, wenn Sie es richtig anstellen, ein Gefühl der Sicherheit und schafft Selbstbewusstsein. Außer Sie begeben sich in ein Hamsterrad, aus dem Sie nicht mehr herauskommen.

Daniel Kahneman, Psychologe an der Universität Princeton, ist überzeugt, dass die reichsten Menschen nicht gleichzeitig die glücklichsten Menschen sind. Wir passen unsere Erwartungen nämlich eher nach oben hin an und streben dadurch nach noch ausgefalleneren und kostspieligeren Vergnügungen. Er nennt diesen Mechanismus eine »hedonistische Tretmühle«. Diese Tretmühle endet nie, auch nicht für Milliardäre. Kahneman sagt: »Die Reichen haben zwar möglicherweise mehr Vergnügen als die Armen, aber sie brauchen auch mehr Vergnügen, um ebenso zufrieden zu sein.«

Wenn Sie sich fortwährend mit Menschen vergleichen, die mehr haben als Sie, mehr erreicht haben, höher gestiegen auf der Karriereleiter sind, dann kann ich Ihnen schon jetzt sagen, dass Sie immer ein Gefühl des Versagens empfinden werden. Egal, was Sie selbst schaffen. Sicher, Sie werden immer weiter angetrieben, noch besser zu werden, sich mit Ihrer bisherigen Leistung nicht zufrieden zu geben. Wollen Sie aber Ihren Selbstwert steigern? Überzeugt sein, dass es beeindruckend ist, was Sie bisher erreicht haben? Wenn Sie überhaupt vergleichen müssen, dann vergleichen Sie sich lieber »nach unten«. Mit Personen, die noch nicht so weit gekommen sind wie Sie oder Ihren Erfolg sichtlich nicht so ausleben können wie Sie. Der abwärts gerichtete soziale Vergleich ist weder feig, noch lügen Sie sich damit selbst an.

Denn Menschen und Karrieren gibt es genügend. Wenn Sie es als legitim empfinden, sich mit jenen zu vergleichen, die schon weiter sind als Sie, mehr erreicht haben, ist es ebenso legitim, sich auf der anderen Seite umzusehen. Ist es notwendig, sich schlecht zu fühlen? Nein! Auch was den Erfolg betrifft, können Sie sich die Welt bunt oder in Grautönen ausmalen. Und warum nicht zufrieden sein, sehen, dass Sie ein toller Mensch sind, der glücklich sein kann, und genießen, was Sie haben? Gratulieren Sie sich selbst zu sich und zu Ihrem Leben. Sie hätten es wirklich schlechter erwischen können.

→ Gratulieren Sie sich zu dem, was Sie erreicht haben

In der Sozialpsychologie heißt es: Was die Selbsterkenntnis anbelangt, ist es wohl am besten, sich mit jemandem zu vergleichen, der einem ähnlich ist. Es ist ja nicht schlecht, sich einmal etwas abzuschauen und für sich zu nutzen. Techniken, Marketingstrategien. Doch einen aussagekräftigen Vergleich für sich zu erhalten, diese Hoffnung sollten Sie sich nicht machen. Zu einzigartig sind Sie selbst. Sie haben eine andere Herangehensweise, eine andere Vergangenheit, andere Anschauungen, ein anderes Temperament und andere Voraussetzungen als andere. Verfolgen Sie Ihre eigenen Dinge. Auf Ihre ganz spezielle Weise. Punkten Sie mit Ihren eigenen Ideen und Fähigkeiten, dann sind Sie auch unverwechselbar.

Die Psychologie dahinter: **Selbstwirksamkeitserwartung.** Die Selbstwirksamkeitserwartung wurde in den 1980er-Jahren vom kanadischen Psychologen Albert Bandura erkannt und erforscht. Sie beschreibt die Überzeugung, dass man es schaffen kann. Aus den eigenen Fähigkeiten und Kompetenzen heraus. Etwa mit dem Rauchen aufzuhören. Sie können es schaffen, wenn Sie überzeugt davon sind.

Das hat etwa eine Untersuchung ergeben, die schon 1978 von den Psychologen Blittner, Goldberg und Merbaum durchgeführt wurde. Erwachsene Raucher meldeten sich freiwillig für ein Entwöhnungsprogramm gegen Nikotinsucht. Die Teilnehmer wurden nach dem Zufallsprinzip in drei Gruppen eingeteilt. Der Unterschied zwischen den Gruppen war: Den Mitgliedern der ersten Gruppe wurde gesagt, sie wären für dieses Programm ausgewählt worden, weil sie »einen starken Willen zeigen und ein hohes Potenzial besitzen, ihre Bedürfnisse und ihr Verhalten zu kontrollieren und zu steuern« und dass sie »sehr wahrscheinlich während der Behandlung aufhören würden zu rauchen«. Die zweite Gruppe durfte an der Behandlung teilnehmen, diese positiven Eigenschaften wurden ihnen aber nicht eingeredet. Die dritte Gruppe bekam gar keine Behandlung. Deren Teilnehmer wurden nach etwa vier Monaten kontaktiert, um herauszufinden, ob sie es vielleicht auf eigene Faust schafften, sich das Rauchen abzugewöhnen.

Das Behandlungsprogramm für die ersten zwei Gruppen enthielt Methoden, um dem Glimmstängel leichter abschwören zu können. Beginnend mit Situationen, in denen es den Probanden leicht fiel, sich keine Zigarette anzuzünden, bis hin zu den brenzligen Augenblicken, wo für die Teilnehmer eine Zigarette üblicherweise einfach dazugehört. Die Probanden bekamen Tipps und wurden motiviert.

Das Ergebnis: Dass die Gruppe, die keine Behandlung erhielt, am schlechtesten abschnitt, wird Sie nicht sehr verwundern. Nur sechs Prozent hörten auf zu rauchen. Doch auch zwischen den ersten beiden Gruppen gab es einen bemerkenswert großen Unterschied. Die Männer und Frauen, denen der starke Wille schon im Vorfeld attestiert wurde, waren am erfolgreichsten. Zwei Drittel waren rauchfrei. Von der zweiten Gruppe, in der nicht auf besondere Eigenschaften hingewiesen wurde, schafften es nur 28 Prozent. Obwohl sie das gleiche Programm und die gleiche Betreuung erhielten wie die Gruppe der »Willensstarken«.

→ Feste Überzeugung vom Erfolg ist oft entscheidend für den Erfolg

Diese Überzeugung kommt meist durch das Vertrauen in die eigenen Fertigkeiten, in das eigene Wissen, in die eigenen Kräfte. Auch von außen kann dieses Vertrauen aufgebaut werden. Durch den Zuspruch von Menschen, die es gut mit einem meinen. Auch wenn man diesen Zuspruch für sich selbst durch entsprechenden Erfolg bestätigen muss. Den Glauben an sich selbst, die Selbstwirksamkeit können Sie unter Umständen auch durchs bloße Zusehen erhalten. Wenn Sie jemanden eine Kletterwand hinaufsteigen sehen und sich ähnlich wie diesen Kletterer einschätzen, steigert das Ihre Selbstwirksamkeitserwartung.

Am allermeisten für das Vertrauen in Ihr Geschick bringt aber natürlich die eigene Erfahrung. Selbst hinaufsteigen, das Ziel erreichen wollen und auch erreichen. Eine knifflige Aufgabe angehen und über selbst gewählte Lösungsstrategien bewältigen. Dann haben Sie den Beweis, der Ihnen für das nächste Mal die nötige Überzeugung gibt, dass Sie es wieder schaffen können.

Sie wissen, dass Sie aus eigener Kraft Dinge verändern können. Und es stehen Ihnen alle Türen offen. Ein gutes Beispiel dafür ist ein ehemaliger Hoteldirektor in Wien. Er hat jahrelang die größten Häuser einer Hotelkette geleitet und seinen Job im wahrsten

Sinne des Wortes gelebt. Aber genau das wurde ihm irgendwann zu viel und er hat umgesattelt. Nicht auf kleinere Hotels oder zum Geschäftsführer eines Kaffeehauses. Er wurde Hundefriseur. Hat einen Salon eröffnet und geht regelmäßig zu Hundeausstellungen und Hundefriseur-Wettbewerben. Er liebt seinen neuen Job und ist froh, jetzt selbst über sein Leben bestimmen zu können.

Trauen Sie sich neue Schritte in ungewohntes Terrain aber noch nicht zu, können Sie sich diese Überzeugung, selbst Ihr bester Partner bei schwierigen Herausforderungen zu sein, aber auch »einreden«. So wie Sie sich vor der Fahrt ins Büro den Tag erheblich erleichtern können, wenn Sie sich Begriffe wie »angenehm, unterhaltsam, interessant, höflich …« vorsagen. Sie signalisieren damit Ihrem Bewusstsein: So wird der Tag werden. Es kennt diese Situation, aktiviert sie für sich und hilft Ihnen, dass Sie die kommenden Stunden genauso erleben.

Die Kraft des Unterbewusstseins II

Ihr Gehirn reagiert auf dieses »sich selbst etwas einreden«. Es glaubt Ihnen, wenn Sie ihm etwas nur oft genug glauben machen. Ein großer Helfer des Bewusstseins ist dabei unser Unterbewusstsein. Niemand weiß zwar, wie es arbeitet, ob es Verknüpfungen gibt und wohin gewisse Nervenstränge führen, so es sie gibt. Das Unbewusste ist nicht greifbar. Aber man kann damit arbeiten. Das haben Psychologen mittlerweile herausgefunden. Man kann etwa Phobien über das Unterbewusstsein bekämpfen. Joel Weinberger und seine Kollegen von der Adelphi University in New York etwa haben sich mit Patienten mit Spinnenphobie befasst. Einer Gruppe zeigten sie auf einem Computer Landschaftsfotos. Die zweite Gruppe sah auch diese Fotos, aber dazwischen wurden zusätzlich ganz kurz, bewusst nicht wahrnehmbar, Spinnenfotos eingefügt. Diese Gruppe zeigte bei der anschließenden Konfrontation mit der echten Spinne namens »Fuzzy« deutlich weniger Angst. Die Teilnehmer schafften es, ihr Terrarium anzufassen und sogar den Deckel zu heben.

Es gibt wohl kaum eine andere Erklärung für diesen Therapieerfolg, als dass sich das Unbewusste über die zusätzlichen Bilder mit dem Anblick von Spinnen vertraut gemacht hat. Die Abscheu, der Ekel verschwinden, wenn etwas nicht mehr fremd ist. Denn wie wir ja schon gehört haben, liebt das Unbewusste das Vertraute und scheut das Unbekannte.

Das Unbewusste steuert aber auch unsere Emotionen, das zeigt ein anderes Experiment. Wieder wurden, diesmal an der Tilburg Universität in den Niederlanden, einigen Probanden Bilder gezeigt. Wieder wurden Gruppen gebildet. Drei an der Zahl. Eine Gruppe sah, so kurz, dass sie sie bewusst nicht wahrnehmen konnte, Angst machende Bilder wie tollwütige Hunde, die zweite Gruppe sah ekelerregende Bilder wie verdreckte Toiletten. Das letzte Drittel sah neutrale Bilder wie Tische und Stühle. Danach durften sich die Teilnehmer aussuchen, was sie als Nächstes machen wollten: an einem Essenstest teilnehmen oder einen Horrorfilm ansehen. Das Ergebnis bestätigte die Erwartungen. Die Probanden, die durch die Bilder verängstigt waren, ließen sich lieber Essen servieren, als einen Horrorfilm zu sehen. Für den entschied sich aber eher die Gruppe, die schmutzige WC-Anlagen zu sehen bekam. An ein Essen war für sie nicht zu denken. Bei der neutralen Gruppe waren die Entscheidungen ausgewogen.

Das sind nur zwei Hinweise darauf, dass man mit unbewussten Wahrnehmungen sich und sein Verhalten steuern kann. Denn für die meisten Wahrnehmungen kann man sich abseits der Laborsituation, im wahren Leben, großteils doch selbst entscheiden.

Kommunikation mit dem Unterbewusstsein

Auch ein Philosoph hat sich mit dem Thema beschäftigt und genau dieses Phänomen zum Garanten für Glück und Erfolg erhoben. Er meint: »Alle Ereignisse und Umstände Ihrer Existenz sind Reaktionen des Unterbewusstseins auf Ihre Gedanken.« Sein Buch ist zum Millionen-Longseller geworden: *Die Macht Ihres Unterbewusstseins* von Joseph Murphy. Ein winziges Büchlein mit kurzen Weisheiten und Tipps, wie man seine Ziele verwirklichen kann oder wie man Eheprobleme in den Griff bekommt. Murphy zufolge braucht es nur kurze Sätze, die Sie sich jeden Tag ein paarmal durchlesen oder vorsagen. Das Unterbewusstsein wird diesen Mantras glauben, sich darauf einstellen und Sie durch Ihr Verhalten, Ihre Reaktionen, Ihre Lebensweise, Ihr Selbstbewusstsein, Ihre Emotionen in diese Richtung führen.

Allerdings dauert es, bis das Unterbewusstsein überzeugt ist, von dem was Sie ihm da eintrichtern. Nicht weil es faul ist, sondern weil diesen Sätzen Ihre bisherige Lebensweise, die Sie ja ändern wollen, gegenübersteht. So leicht gibt das Unterbewusstsein Gewohntes nicht auf. Daher ist es, um wirklich einen Erfolg wahrnehmen zu können, notwendig, diese Autosuggestionen täglich über Monate hinweg zu praktizieren. Zu leicht gibt man auf, weil man sich blöd vorkommt und denkt, das bringt sowieso nichts. Oder weil es schlicht langweilig wird, immerzu denselben Satz zu wiederholen. Doch zu leicht verfallen Sie wieder in Ihr altes Schema und verhindern jede Veränderung.

Selbsthypnose beruht ebenfalls auf dem Prinzip der Autosuggestion. Hier wird, wie etwa im *Praxisbuch der Selbsthypnose* von Kurt Tepperwein steht, »eine Phase, in etwa vergleichbar mit einem ›halben‹ Bewusstsein – dem Zustand zwischen Wachen und Schlafen, hier allerdings bewusst herbeigeführt«. Es geht demnach um eine Tiefenentspannung, die das Ausschalten des Bewusstseins und eine Herabsetzung der Aufnahmefähigkeit für äußere Eindrücke bewirken soll und die Bereitschaft zur Aufnahme von Suggestionen erhöht. Das Ziel ist es, das Bewusstsein zu umgehen und gezielt das Unterbewusstsein anzusprechen.

Doch in Wahrheit lässt sich das Unterbewusstsein ohnehin nicht ausschalten. Dementsprechend muss es auch nicht umständlich aktiviert werden. Das Unterbewusstsein hilft Ihnen nicht nur, sich zu verhalten, wie Sie es sich wünschen, wenn Sie es richtig lenken. Es kann Ihnen auch helfen, Entscheidungen zu treffen. So forderte Ap Dijksterhuis von der niederländischen Radboud Universität in Nimegen Studenten auf, sich für eine von zwölf Wohnungen zu entscheiden. Wohnungen mit unterschiedlichen Merkmalen, aber letztendlich gute und weniger gute Wohnungen. Die Studenten, die sich sofort spontan für eine Wohnung entscheiden sollten, schnitten am schlechtesten ab. Nur ein Fünftel wählte eine Top-Wohnung. Die beste Wahl trafen die Studienteilnehmer, die zuerst einige Minuten scharf darüber nachdachten und sich anschließend mit Rätseln ablenkten. Zwei Drittel von ihnen entschieden sich für die besten der Appartements.

Was zeigt, dass die bewusste Beschäftigung mit der Materie sinnvoll ist, wenn man danach über die Ablenkung auch dem Unterbewusstsein und damit dem Bauchgefühl die Chance gibt »mitzuentscheiden«.

Angst: festnehmen, verhören, davonjagen

Angst hemmt uns. Wenn wir Angst, wovor auch immer, empfinden, kann sich unsere volle Leistung, unser Ideenreichtum, unsere Kreativität nicht entfalten. Um unser Leben erfolgreich gestalten zu können, kommen wir nicht umhin, mit unseren Ängsten umgehen zu lernen, sie zu verstehen und sie zu bezwingen.

Stellen Sie sich vor, Sie sind eine Detektivin oder ein Ermittler der Polizei mit weitreichenden Befugnissen. Und Ihr Gegner, der Super-Schurke, ist … die Angst. Sie wollen sich vor dieser Ganovin nicht verstecken, sich nicht einschüchtern lassen. Nein, dazu sind Sie schon zu lange im Geschäft. Sie kennen Ihre Pappenheimer ganz genau. Und Sie wollen sie weghaben von der Straße. Verschwinden lassen, auf Nimmerwiedersehen. Denn diese Sorte von Kriminellen kann in Ihrer Stadt echt niemand gebrauchen. Was werden Sie also tun? Sie nehmen die Spur auf. Genügend Hinweise haben Sie ja. Die Angst hinterlässt überall ihre Spuren. Sie ist dabei nicht zimperlich. Sie fragen sich, ob sie schon einmal was davon gehört hat, dass man möglichst unauffällig agiert?

Die Angst meint, sie hätte das nicht nötig. Sie fühlt sich zu mächtig und es macht ihr sogar Spaß, die Ahnungslosen damit zu ärgern. Denn die wagen es oft nicht einmal, der Angst auf den Grund zu gehen, geschweige denn, sie zu beseitigen. Da ist sie bei Ihnen aber an den Falschen geraten!

Um zu wissen, womit Sie es zu tun haben, sollten Sie Ihren Feind kennen. Lokalisieren Sie Ihre Angst. Woher kommt sie? Warum ist sie gerade jetzt so akut, dass Sie Ihnen Probleme bereitet? Versuchen Sie, ganz genau zu überlegen oder mit jemandem zu besprechen, wie Ihre Angst aussieht und was sie verursacht. Schreiben Sie Ihre Erkenntnisse auf. Oder sprechen Sie in Ihr Mobiltelefon und machen Sie eine Audiodatei daraus. Was immer Sie möchten und was Ihnen hilft, diese Angst zu erkennen.

Kennen Sie erst einmal den Grund für Ihren inneren Unfrieden, können Sie selbst entscheiden: Handelt es sich um eine begründete oder eine unbegründete Angst?

Ihre Sorgen schwächen Sie

99 Prozent der Sorgen, die wir uns machen, sind unbegründet und entstehen aus diesen Gehirnwindungen, die uns über jede Kleinigkeit grübeln lassen. Das erzeugt Bilder in unserem Kopf, Szenarien, ganze Geschichten, die sich in unserer Überzeugung mehr und mehr festigen, je öfter wir darüber nachdenken. Und im Endeffekt entstammt diese Geschichte lediglich dem ersten kleinen Gedanken, der von irgendwo angeschwirrt kam und nichts mit der Realität zu tun hatte.

Wir spüren das etwa besonders am Anfang einer Liebesbeziehung. Wenn die Gewissheit, dass der andere einen auch wirklich liebt, noch nicht stark genug ist. Wenn sich dieser neue, wichtige Mensch in Ihrem Leben einmal einen Abend lang nicht meldet und auch nicht erreichbar ist, malen Sie sich womöglich aus, dass der Wunschpartner sich überhaupt nicht für Sie interessiert. Sie stellen sich vor, wie er seinen Abend ausgelassen verbringt, ohne auch nur einmal an Sie zu denken.

Dann geht es so weit, dass Sie überzeugt sind, dass er in Wirklichkeit nichts mehr von Ihnen wissen will. Im Gegenteil, er macht sich wahrscheinlich darüber lustig, dass Sie auch nur im Entferntesten daran denken konnten, dass aus Ihnen beiden ein Liebespaar werden könnte, das Händchen haltend durch den Park spaziert. Negative Gedanken, die sich ohne Anhaltspunkte einschleichen. Ihr Gehirn versucht eine Erklärung zu finden. Und weil wir dazu neigen, für Unerklärliches einen Schuldigen zu suchen, und andererseits uns oft in Dramen und Tragödien besser aufgehoben fühlen, entsteht eine Angst um den Menschen, die nicht begründbar ist, weil man mit ihm zwei Tage zuvor noch einen wunderschönen Tag erlebt hat.

In Wirklichkeit ist vielleicht das Handy der Person Ihres Herzens ins Wasser gefallen und sie versucht verzweifelt, es wieder in Gang zu bringen, um Sie anrufen zu können.

Aber nicht nur in der Liebe kommen diese Sabotagegedanken vor: Ein Arbeitskollege ist kurz angebunden und ruppig – Sie beziehen es auf sich. Ihr Geschäft läuft einen Tag lang nicht gut – Sie sehen sich kurz vor dem Bankrott. Ein Kunde meldet sich nicht zum vereinbarten Termin – Sie denken, er hat das Geschäft mit der Konkurrenz gemacht.

Machen Sie einen Test – aber Achtung, dieser Test geht mit schlechten Gefühlen einher: Nehmen Sie eine Person aus Ihrem Leben. Ihren Partner, Ihren Chef, jedenfalls eine Person, die Ihnen wichtig ist, aus privaten oder geschäftlichen Gründen. Stellen Sie sich vor, wie diese Person Sie hintergeht. Malen Sie sich einen fiktiven Liebhaber Ihres Partners aus und welche Möglichkeiten Ihr Partner hat, Sie zu hintergehen. Oder stellen Sie sich vor, dass Sie in der Gunst Ihres Chefs gesunken sind. Spielen Sie das in Einzelheiten durch. Ihnen wird es schlechter und schlechter gehen. Sie fühlen sich nicht geliebt und anerkannt. Wut steigt in Ihnen auf.

Gehen Sie jetzt wieder aus der Vorstellung raus. Werden Sie sich bewusst, dass Sie das alles gerade erfunden haben. Es ist nicht real. Sie wissen es, weil Sie diese Gedanken gerade selbst provoziert haben.

Wenn Sie dieses Experiment bewusst wiederholen, trainieren Sie die Fähigkeit, aus solchen schlechten Gefühlen durch dunkle Gedanken jederzeit wieder aussteigen zu können. Auch wenn diese von selbst, ohne Ihr Zutun auftauchen. Doch es ist nicht notwendig, gewollt in solch eine Negativ-Aura einzutauchen. Es entstehen im täglichen Leben genügend Möglichkeiten, um das Aussteigen aus negativen Gedanken zu üben.

Ich habe das aber dennoch einmal in einer Magnetresonanz-Röhre probiert. Ich habe keine Platzangst, wollte mir aber vorstellen, wie Betroffene solch eine Platzangst empfinden. Also habe ich mir den engen Raum um mich herum vorgestellt. Keine Bewegungsfreiheit. Ich kann nicht einmal meine Hände heben, ohne anzustoßen. Nur wenige Zentimeter um mich herum ist dieser Metallkasten, der mich gefangen hält. Mein Atem ging schwerer, die Angst entwickelte sich immer weiter. Als ich kurz davor war, in Panik zu geraten und den Notfallknopf zu drücken, leitete ich Gegenmaßnahmen ein. Ich schloss die Augen, versuchte tief durchzuatmen und mich zurückzuholen: »Du hast ja gar keine Platzangst. Das war ein Experiment, also beruhige dich wieder. Es ist alles gut. Du gibst dich schönen Gedanken hin und fühlst dich wohl hier!«

Versuchen Sie, Ihre Gedanken, Ihre Urteile und schlussendlich Ihre Angst also immer wieder zu überprüfen. Ist die Angst – wie so oft – unbegründet, steuern Sie gegen! Machen Sie wieder dieses Gedankenspiel über Ihren Partner, nur diesmal stellen Sie sich eine heile Welt vor. Ihr Partner liebt Sie und wartet nur darauf, endlich aus der Arbeit zu kommen, um bei Ihnen sein zu können. Bringen Sie sich mit Worten wie »Liebe, Freude, schön, lustig« in eine Grundhaltung, in der Sie sich wohl fühlen können.

Hausaufgabe Angst

Ist Ihre Angst begründet, entsteht sie also aus einer realen Herausforderung oder einem realen Problem, ist es wichtig, sich mit der Angst weiter zu beschäftigen. Der Angst vor Aufgaben oder Herausforderungen können Sie entgegenwirken. Entscheiden Sie zum einen, wie wichtig diese Aufgabe für Sie ist, und beschäftigen Sie sich dann damit. Arbeiten Sie die Aufgabe bis ins Detail aus. Die Entspannten an der Schule oder der Uni waren immer die, denen die Prüfung entweder nicht wichtig war, weil sie ohnehin mit der Welt der theoretischen Weisheiten abgeschlossen hatten, oder die, die sich sicher waren, dass diese Prüfung nicht der Stolperstein Ihrer Karriere werden würde, weil sie die Lehrbücher dazu auswendig aufsagen konnten.

Dieses Beschäftigen mit der Sache gilt aber nicht nur für Prüfungen. Ein ganz banales Beispiel aus dem Alltag: Sie müssen in zwei Tagen zu einem wichtigen Termin in einer anderen Stadt. Dort kennen Sie sich nicht aus, müssen mit den öffentlichen Verkehrsmitteln fahren und wissen aus Erzählungen Ihrer Kollegen, dass das Ziel nur sehr umständlich erreichbar ist. Das beunruhigt Sie schon seit letzter Woche. Dabei liegt die Lösung, und zwar eine schnelle Lösung, auf der Hand.

Schon beim ersten Unbehagen rein ins Internet und im Routenplaner und Fahrplan der Verkehrsbetriebe dieser Stadt recherchieren. Sie hören erst auf, wenn Sie sich sicher fühlen. Das kann bei einem früher, beim anderen später sein. Hauptsache ist, das unangenehme Gefühl der Unsicherheit schwindet.

Was Ihnen am unangenehmsten ist, Ihnen das größte Kopfzerbrechen bereitet, gehen Sie sofort und ohne Verzögerung an. Ist es ein Anruf bei einem Vorgesetzten, den Sie schon lange vor sich herschieben? Oder wollen Sie sich seit geraumer Zeit bei jemandem entschuldigen, weil Sie eingesehen haben, dass Sie nicht richtig gehandelt haben, jemanden verletzt haben? Tun Sie es! Der Zustand, in dem Sie sich befinden, muss nicht so bleiben. Denn alle Zustände sind vorübergehend. Nichts bleibt, wie es ist. Wie sich aber dieser Zustand verändert, wie Ihr Leben weitergeht, hängt von Ihnen ab.

→ Gehen Sie die Lösung Ihres Problems sofort und ohne Verzögerung an

Auch bei gröberen Problemen: Beschäftigen Sie sich damit und versuchen Sie nicht, Ihre Sorgen zu verdrängen, sie wegzuwischen.

Wenn Sie die Angst geortet haben, überlegen Sie: Was ist das schlimmste Ergebnis und die schlimmste Folge des Problems, das

Ihnen Angst macht? Schon dann verliert die Angst ihren Schrecken, weil Sie bemerken, dass sogar die schlimmsten Folgen zu bewältigen sind.

Wenn Sie der Gedanke an die schlimmsten Folgen nicht beruhigt, ist das Akzeptieren der erste Schritt zur Überwindung des Unglücks. Der chinesische Schriftsteller Lin Yutang hat in seinem Buch *Weisheit des lächelnden Lebens* geschrieben: »Wahrer innerer Frieden entsteht, wenn wir das Schlimmste hinnehmen können.« In unserer Zeit würde man sagen: Sehen Sie die Sache relaxed! Stehen Sie drüber.

Damit ist nicht gemeint, sich selbst aufzugeben. Ganz im Gegenteil. Sie wollen die Angst besiegen. Wenn Ihre Angst die Oberhand gewinnt, können Sie sich nicht auf die Lösung der Probleme konzentrieren. Die Gedanken springen hin und her, Sie verlieren Ihre Entscheidungskraft. Sind wie gelähmt, tagelang, wochenlang, können nicht mehr schlafen, bekommen gesundheitliche Probleme. Erst wenn Sie nicht mehr am Boden liegen, sondern aufstehen, aktiv werden und an Ihrem Problem arbeiten, löst sich der Nebel langsam auf und Sie sehen wieder klar.

Die Psychologie dahinter: **Angst gehört zu den Grundgefühlen des Menschen.** Die Psychologie unterscheidet zwischen mehr als 600 Formen von Phobien. Ganz grob unterschieden wird zwischen der Angst, einem unangenehmen Gefühlszustand, der durch keinen konkreten Auslöser entsteht, sondern eher durch eine komplexe Gefahrensituation, und der Furcht, die dann die Reaktion auf eine konkrete Situation oder Gefahr ist.

Angst ist ursächlich nicht negativ. Sie kann bewirken, dass wir über uns hinauswachsen, unsere Sinne besonders schärfen und dadurch Gefahren rechtzeitig erkennen. Angst ist oft erlernt und beruht auf tatsächlichen Erlebnissen. Angst kann aber auch ansteckend sein. Ob Sie sich anstecken lassen, hängt von Ihnen selbst ab. Weit verbreitet ist die Sozialphobie. Der Betroffene hat Angst, im Mittelpunkt zu stehen und dann, wenn alle Augen auf ihn gerichtet sind, Fehler zu machen. In peinliche Situationen zu geraten. Dabei erkannte der Psychologe Thomas Gilovich von der Cornell-Universität, dass wir die Wirkung unserer Aktionen, unseres Auftretens und die Aufmerksamkeit, die andere uns entgegenbringen, weit überschätzen. Er nennt es den Spotlight-Effekt.

8. Warum ich?

Die Welt

Die Erde ist die Welt von uns allen. Und sie ist gleichzeitig die Welt jedes Einzelnen. Sie können machen, was Sie wollen. Das ist wie in den Vergnügungspark gehen, einmal Eintritt bezahlen und fahren, womit und wie oft man möchte. Jeder erlebt seine eigene Lebenswelt. Eigene Lebenswelten entstehen selbstverständlich durch soziale Unterschiede. Das klingt so logisch, dass man es nicht niederschreiben müsste. Doch man ist oft so in seiner Welt, dass man sich gar nicht vorstellen kann, warum Menschen, die in einer anderen Lebenswelt leben, anders handeln. Man verliert den Blick und damit das Verständnis dafür. Denn es ist ganz klar, dass ein junger IT-Student die Welt anders erlebt als ein Arbeiter am Bau. Ein Künstler anders als ein Taucher. Die Mutter dreier Kinder sieht die Welt anders als der kinderlose Rosenzüchter. Doch ist eine Lebenswelt schlechter, minderwertiger als eine andere? Sicher nicht!

Auch Probleme und Schicksalsschläge ändern die Sichtweise auf das Leben. Sich das bewusst zu machen, ist wichtig, um schnelle Vorurteile zu vermeiden. Denn wir können einen anderen Menschen gar nicht so gut kennen, dass wir vollständig in seine Gedanken- und Gefühlswelt eintauchen können. Nicht so weit, dass wir die Beweggründe für sein Handeln komplett nachvollziehen können. Auch nicht, wenn wir seit Jahrzehnten mit ihm unter einem Dach wohnen. Dieser Mensch bleibt in vielen Facetten unerreichbar für uns. Daher wissen wir auch nicht, was das Beste für ihn ist. Wir können uns nur öffnen und Interesse an diesem Menschen entwickeln. Wir sollen ihn nicht vereinnahmen, sondern in ihm lesen wie in einem spannenden Krimi. Weil es unserer eigenen Entwicklung gut tut. Weil es für uns eine Chance ist, uns selbst zu entwickeln. Wenn wir versuchen zu verstehen, warum jemand etwas macht und wie er es macht. Ohne darüber zu urteilen.

Nehmen Sie sich die Freiheit

Sie erkennen daran außerdem, dass es noch andere Möglichkeiten gibt, Ihr Leben zu gestalten, als Sie es bisher taten. Versuchen Sie es sich nur einmal vorzustellen. Sie sind nicht darauf festgelegt, jeden Tag das Gleiche zu tun und an der Eintönigkeit des Lebens zu verzweifeln. So ist ein Hobby nicht nur ein Hobby: Wenn Sie noch nie Musik gemacht haben und beginnen, ein Instrument zu lernen, öffnet sich eine ganz neue Welt für Sie. Sie bekommen einen Bezug zu Noten. Sie lernen neue Menschen kennen. Erleben deren Leidenschaft, gehen vermehrt auf Konzerte.

Oder versuchen Sie etwas zu tun, das Sie eigentlich ablehnen. Natürlich nur etwas, mit dem Sie gegen keine Gesetze verstoßen. Wenn Sie eigentlich Spieleabende nicht interessieren – sagen Sie bei der nächsten Einladung trotzdem zu und seien Sie neugierig, wie der Abend verläuft. Versuchen Sie herauszufinden, warum die Mitspieler so begeistert bei der Sache sind. Vielleicht empfinden Sie dann auch Spaß daran.

Oder Sie sind passionierter Autofahrer – wie wär's mit einer kleinen Zugreise, übers Wochenende, zum Ausprobieren und Entdecken einer anderen Welt? Sie beschäftigen sich mit Zugplänen, finden Anschlusszüge heraus und lernen eine Stadt aus ihrem Mittelpunkt, dem Bahnhof, heraus kennen.

Ich habe zum Beispiel 38 Jahre lang keinen Kaffee getrunken. Irgendwann dachte ich mir, warum eigentlich nicht? Man muss an Prinzipien, die irgendwann einmal ins Leben gekrochen sind, nicht ewig festhalten. Ich genieße jetzt den Cappuccino am Nachmittag und komme so eine Stunde bewusst mit meiner Familie oder Freunden im Wohnzimmer oder im Café zusammen. Ihre Sichtweise ändert sich, wenn Sie etwas Neues ausprobieren. Und das ist richtig belebend.

→ Neue Sichtweisen beleben das Leben

Da fällt mir eine Anekdote dazu ein. Beim Besuch eines befreundeten Ehepaares haben meine damalige Partnerin und ich bemerkt, wie unsicher unsere Freunde in Bezug auf unsere beiden Kinder waren. Sie waren damals beide fünf Jahre alt und dementsprechend lebendig. Um nicht zu sagen wild. Das Paar bekam Angst um seine dekorativen Figuren. Sie waren im ganzen Haus aufgestellt. Tonfiguren in Form von Schwänen, Buddha-Figuren, Vasen und sonstige kleine Kunstwerke. Jeder einzelne Gegenstand mit einer eigenen Geschichte und großem Liebhaberwert. Sie erwähnten daher bald, dass sie es gar nicht mehr gewohnt seien, Kinder im Haus zu haben. Das bemerkten wir selbst sehr rasch. Denn außer, dass das Haus nicht mehr für Kinder eingerichtet war, waren unsere Freunde auch ziemlich ratlos, was den Kindern schmecken würde.

Das Interessante daran: Die beiden sind Eltern von zwei mittlerweile erwachsenen Kindern. Doch sie hatten vergessen, wie das war, als ihre Kleinen noch im Haus waren. Ihr Leben sah inzwischen ganz anders aus. Sie hatten sich neu eingerichtet, ihre Aktivitäten auf »Erwachsenenprogramm« umgestellt und genossen ihr neues Leben. Es war auf ihre persönlichen Interessen abgestimmt. So schnell kann es also gehen, dass man sogar sein eigenes, aber eben altes, vorübergezogenes Leben vergisst.

Über das Einnehmen einer anderen Sichtweise entdeckt man Dinge, die einem vorher verborgen geblieben wären. Man lernt zu verstehen, warum andere Menschen auf diese Art leben, sich jene Gewohnheiten angeeignet haben. Das versteht man erst, wenn man das Leben aus deren Augen betrachtet.

Nichts, was das Leben bietet oder was andere machen, ist schlechter oder besser zu bewerten. Alles ist prinzipiell interessant. Am interessantesten aber ist der Wechsel der Dinge, die in den Mittelpunkt der Aufmerksamkeit rücken. Und diesen Wechsel schaffen Sie, indem Sie sich für Neues öffnen.

Das Gehirn blendet ja aus, was es für nicht wesentlich erachtet. Werden Sie sich bewusst, was für Sie wesentlich ist, und überlegen Sie, was Sie für sich wesentlich machen möchten.

→ Öffnen Sie sich für Neues und entdecken Sie das Leben

Um Neues für sich zu entdecken, ist es sinnvoll, seinen Blick zweckfrei schweifen zu lassen. Der japanische Zen-Meister Takuan Soho sagte einmal: »Wenn ihr einen Baum anseht und ein einziges seiner roten Blätter betrachtet, werdet ihr die anderen überhaupt nicht sehen. Wenn aber das Auge sich an keines der Blätter heftet und ihr den Baum betrachtet, ohne irgendetwas im Sinn zu haben, so sind Blätter ohne Zahl dem Auge sichtbar.« Wenn Sie in der Menge der Blätter dann eines finden, das Sie näher betrachten wollen, schärfen Sie Ihren Blick und sehen Sie sich die Struktur des Blattes, den Linienverlauf und die Gäste des Blattes – Läuse, Käfer, Ameisen – genauer an.

Der Sinn des Lebens

Gratulation, Sie haben es geschafft, in diesem – von weit oben betrachtet – heillosen Durcheinander zu landen, das sich Menschheit nennt. Was ist das nur für ein Chaos: Dort explodieren Raketen, da verschanzen sich Männer vor den Kugeln von Maschinengewehren hinter Häuserwänden. Hier fallen Mauern, dort werden neue errichtet. Kleine Gestalten laufen durch große Städte. Bahnen sich ihren Weg in lauten, motorbetriebenen Gefährten. Wir segeln über die Weltmeere und erklimmen die höchsten Berge. Einfach um dort gewesen zu sein. Wir versuchen, so nah wie möglich miteinander zu leben, und fühlen uns eingeengt dabei. Doch sind wir allein, ist es eng wie nie. Wir suchen Ablenkung, jagen Träumen nach. Versuchen die Welt zu verbessern und wollen doch alle nur eins: spüren, dass wir da sind.

Wir sind Besucher auf der Erde. Wir sind eingeladen, eine gewisse Zeit hier zu verbringen. Und diese Zeit sollen wir nutzen: indem wir das Leben auf der Erde kennenlernen. Es erfahren. Und dabei ist Ihnen völlig freigestellt, was Sie erfahren möchten. Es geht nicht darum, etwas Großartiges zu schaffen. Nicht jeder muss die Relativitätstheorie entdecken. Nicht jeder muss ein SOS-Kinderdorf gründen. Es geht darum, für sich herauszuholen, was möglich ist. Alles gilt. Die Erde ist eine Spielwiese, auf der Sie von der Kletterwand zur Rutsche laufen können und danach über den Holzstamm balancieren. Sie können ruhig etwas länger auf der Schaukel sitzen bleiben und hin und her schwingen. Aber bitte vergessen Sie nicht, danach auch noch mit einem Zweiten die Holzwippe auszuprobieren. Was Sie vermeiden sollten, ist am Boden zu hocken und den Kopf in den Händen zu vergraben. Dafür ist das Leben zu kurz und es verstreicht ungenutzt.

Der kanadische Schriftsteller, Ökonom und Humorist Stephen Leacock schrieb Anfang des 20. Jahrhunderts: »Wie seltsam er doch ist, der Lauf unseres kleinen Lebens. Das kleine Kind sagt: ›Wenn ich ein großer Junge bin.‹ Aber was heißt das? Der große Junge sagt: ›Wenn ich erwachsen bin.‹ Und dann, wenn er erwachsen ist, sagt er: ›Wenn ich verheiratet bin!‹ Doch was ist schließlich an einer Ehe schon viel dran? Seine Gedanken ändern sich, er sagt: ›Wenn ich nicht mehr arbeiten muss.‹ Und dann, wenn er alt geworden und diese Zeit gekommen ist, blickt er zurück über das Land, das er durchwandert hat. Ein kalter Wind scheint darüber hinwegzuwehen. Irgendwie hat er alles verpasst und nun ist es vorbei. Das Leben, erkennen wir zu spät, muss gelebt werden, in jedem Augenblick des Tages und der Stunde.«

→ Das Leben muss gelebt werden, in jedem Augenblick des Tages und der Stunde

Hier möchte ich noch eines meiner Lieblingszitate des österreichischen Erzählers Arthur Schnitzler hinzufügen: »Am Ende gilt doch nur, was wir getan und gelebt – und nicht, was wir ersehnt haben.«

Befreien Sie sich aus dem Korsett von Zwängen und gesellschaftlichen Vorschriften, die Ihnen sagen, Sie müssten jetzt dieses oder jenes genau so machen, wie Sie es immer gemacht haben, und Sie dürften keinen neuen Job ausprobieren, keine neuen Leute kennenlernen und keinen Spaß haben oder es wäre uncool, sich in anderes zu kleiden als in Ihren grauen Pullover und die braune Cordhose. Und scheuen Sie sich nicht, noch zu lernen. Auch wenn Ihre Schulbank schon lange morsch ist. Es gibt noch vieles, das sich zu lernen, zu erfahren lohnt. Und sagen Sie jetzt nicht, es gäbe nichts mehr, das Sie fesselt. Dann haben Sie das Richtige noch nicht gefunden. Musik, Literatur, Sportarten, Tanz,

Sprachen, Länder, Menschen. Lernen ist leben, hören Sie nie auf damit.

→ Lernen ist leben – hören Sie nie damit auf!

Seien Sie neugierig und machen Sie Ihre ganz persönlichen Erfahrungen. Große und kleine. Denn dafür ist das Leben da. Wer am letzten Tag mehr Erfahrungspunkte gesammelt hat, hat gewonnen. Gratulation!

Zum Schluss

Die Sozialpsychologie zeigt uns, wie berechenbar wir uns verhalten, wenn wir uns einfach treiben lassen in unserer Welt der Gefühle und Emotionen. Wir haben gesehen, wie bestimmte Einflüsse unser Handeln in eine Richtung drängen, die wir vielleicht gar nicht wollen. Wir entscheiden jeden Tag, bei jeder Begebenheit aufs Neue. Wir entscheiden, ob wir etwas an uns heranlassen oder nicht. Wir können jederzeit innehalten und ganz bewusst einen anderen Weg gehen. Auch wenn wir schon mittendrin sind in einer scheinbar festgefahrenen und emotionalen Situation. Wir können sagen: »Moment, ich reagiere gerade völlig kontraproduktiv. Das ändere ich jetzt.« So können wir die Steuerelemente überwinden, die unser Verhalten lenken. Wir können so etwa den Stolz überwinden, der es verhindert, dass wir uns eingestehen, in diesem Moment doch nicht recht zu haben. Und der es verhindert, zuzugeben, dass wir gerade aus dem Affekt und nicht aus einer erwachsenen Haltung heraus reagieren. So ist es auch mit Entscheidungen, die wir getroffen haben. Wenn wir merken, sie tun uns nicht gut und sind nicht zielführend, können wir unsere Meinung ändern. Sie gehen ab jetzt ganz bewusst und selbstreflektiert durchs Leben und wissen, dass Sie nicht zwingend auf ein festgestelltes sozialpsychologisches Verhalten festgelegt sind.

Es ist jetzt an der Zeit, selbstbestimmt durchs Leben zu gehen! Die Werkzeuge dafür haben Sie alle in der Hand – oder in Ihrem Kopf. Ein Umdenken nimmt viel Zeit in Anspruch. Doch das Umdenken hält Sie aktiv im Leben. Man sollte immer wieder einmal im Leben umdenken.

Wenn Ihnen dieses Buch geholfen hat, einen offeneren, selbstbestimmten Blick auf Ihr Leben und das Leben an sich zu bekommen, dann nehmen Sie es immer wieder zur Hand. Wenn Sie sich dadurch vorgenommen haben, Ihrem Leben noch mehr als bisher

Ihre ganz persönliche Handschrift zu verpassen, lesen Sie zwischendurch erneut das eine oder andere Kapitel. Denn Vorsätze verblassen so rasch. Und man muss sich immer wieder daran erinnern, welchen neuen Weg man eigentlich gehen wollte. Wir haben ja gehört: Das Gehirn braucht Wiederholungen und das Unbewusste ändert seine Gewohnheiten nicht so gern.

Verlassen Sie sich jedenfalls nicht auf das Erbarmen eines überirdischen Dschinns. Genießen Sie jeden Schritt in Ihrem Leben in dem Bewusstsein, ihn selbst gehen zu können. Und in dem Wissen, jederzeit eine andere Richtung einschlagen zu können.

Viel Spaß auf Ihrem leuchtenden Weg, der Sie auf eine Blumenwiese führt – wenn Sie wollen.

Durch den Park, auf allen vieren,
geht das ICH-BIN-ICH spazieren,
freut sich an der schönen Welt,
die ihm wieder gut gefällt.
Plötzlich sieht es überm Rasen
lauter runde Seifenblasen.
Viele helle
bunte Bälle,
große, kleine,
zarte, feine
wie aus Glas –
schön ist das!

Danke!

Ich freue mich, dass ich dieses Buch nicht nur schreiben, sondern auch in qualitativ hochwertiger, gedruckter Form den Menschen weitergeben kann. Dafür und für das entgegengebrachte Vertrauen danke ich dem Ueberreuter-Sachbuch Verlag und Birgit Schott. Vielen Dank meiner Lektorin Marina Hofinger für die tolle und einfühlsame Betreuung meines Erstlings.

Ich möchte auch meinen Brüdern Michael, Helmut und Günter danken. Mit euch kann ich, wann auch immer und wie auch immer, jederzeit offene Gespräche über einfach alles führen.

Ein Dankeschön meinen Freunden Sabine Hufnagel, Sandra Schartel und Ludwig Valenta für die vielen stundenlangen Diskussionen über philosophische wie psychologische Themen.

Danke, liebe Erika Stacher, von deiner Lebensfreude konnte ich mir viel abschauen.

Danke, Eva Anderl, für deine wertvollen Anregungen und den Einblick in deine Lebensphilosophie.

Bibliografie

Antonovsky, Aaron: Salutogenese. Zur Entmystifizierung der Gesundheit, dgvt-Verlag, Tübingen 1997
Aronson, Wilson, Akert: Sozialpsychologie, Pearson Studium, München 2004
Asal, Fischer, Krüger: Sozialpsychologie, Springer-Verlag, Berlin–Heidelberg 2014
Bauer, Joachim: Warum ich fühle, was du fühlst, Heyne Verlag, München 2006
Bock, Petra: Mindfuck – Das Coaching, Knaur, München 2013
Bock, Petra: Mindfuck Love, Knaur, München 2014
Bonelli/Pfeifer/Utsch: Psychotherapie und Spiritualität: Mit existenziellen Konflikten und Transzendenzfragen professionell umgehen, Springer-Verlag, Berlin–Heidelberg 2014
Byrne, Ronda: The Secret, Arkana Verlag, München 2012
Carnegie, Dale: Sorge dich nicht, lebe! Fischer Verlag, Frankfurt am Main 2013
Ciccotti, Serge: 150 psychologische Aha-Experimente, Spektrum Akademischer Verlag, Heidelberg 2011
Claes, Anouk: Müssen war gestern, Ansata, München 2010
Corssen, Jens, Tramitz, Christiane: Ich und die anderen, Knaur, München 2014
Csikszentmihalyi, Mihaly: Flow. Das Geheimnis des Glücks, Klett-Cotta, Stuttgart 1992
Dijksterhuis, Ap: Das kluge Unbewusste: Denken mit Gefühl und Intuition, Klett-Cotta, Stuttgart 2014
Elger, Christian E.: Neuroleadership: Erkenntnisse der Hirnforschung für die Führung von Mitarbeitern, Haufe-Lexware, Freiburg 2013
Fritsch, Gerlinde R.: Praktische Selbst-Empathie, Junfermann Verlag, Paderborn 2012
Goleman, Daniel: Soziale Intelligenz, Knaur, München 2008
Jolander, Andrea: Treffen sich zwei Neurosen, Heyne Verlag, München 2014
King, Stephen: On Writing: A Memoir of the Craft, Scribner, New York 2000
Köhler, Hans-Uwe L.: Hau eine Delle ins Universum, Ariston, München 2014
Kreutz, Gunter: Warum Singen glücklich macht, Psychosozial-Verlag, Gießen 2014
Lobel, Thalma: Du denkst nicht mit dem Kopf allein, Campus Verlag, Frankfurt am Main 2015
Lück, Heidbrink, Schmidtmann: Psychologie Sozialer Beziehungen, Kohlhammer-Verlag, Stuttgart 2009
Rosenberg, Marshall B.: Was deine Wut dir sagen will, Junfermann Verlag, Paderborn 2013
Roth Gerhard, Strüber Nicole: Wie das Gehirn die Seele macht, Klett-Cotta, Stuttgart 2015
Smith/Nolen-Hoeksema/Fredrickson: Atkinson und Hilgards Einführung in die Psychologie, Spektrum Akademischer Verlag, Heidelberg 2007
Tepperwein, Kurt: Das Praxisbuch der Selbsthypnose, Ariston, München 2009
Walsch, Neale Donald: Gespräche mit Gott, Arkana, München 2009
Watzlawick, Paul: Anleitung zum Unglücklichsein, Piper-TB, München 2009
Yutang, Lin: Weisheit des lächelnden Lebens, Insel Verlag. Frankfurt am Main 2004
Das Psychologie-Buch, Dorling Kindersley-Verlag, London 2012